Peter Janssen · Christoph Kirsch · Klaus Tänzler

Gleitschirm segeln
Theorie und Praxis

Mit 179 Abbildungen, davon
28 in Farbe

nymphenburger

Fotografen: Ingrid Böck, Gerhard Bortz,
Wolfgang Gerteisen, Till Gottbrath, Charlie Jöst,
Christoph Kirsch, Fritz Kurz, Robert Kleinhans,
Günter Kozeny, Tilman von Mengershausen,
Christine Pfeifer, Andreas Schmidtler, Robert Schwaiger,
Klaus Tänzler, Michael Weingartner

Demonstrationsfotos: Christine Pfeifer, Christoph Kirsch

Titelfoto: Michael Weingartner
Foto Innentitel: Michael Weingartner
Vorsatz: Ausschnitte aus »Die Alpen im Panorama«,
Verlag Morsak, Grafenau

Zeichnungen: Corinna Veit, Suzy Gneist

Besonderen Dank an Fritz Kurz als Initiator und Mitverfasser
der ersten Auflage
und an Horst Jürgensmann, Bundesverkehrsministerium, für
seine fachliche Beratung zum Luftrecht

11. Auflage 2000

Druck: Jos. C. Huber KG, Dießen
Binden: Großbuchbinderei Thomas, Augsburg
Printed in Germany
ISBN 3-485-01797-3

Inhalt

Einladung zum Mitfliegen

»Gleitschirmfliegen«, »Paragleiten«, »Gleitsegeln«: Ein neuer Sport hat sich ausgebreitet. Noch nie hat eine neue Luftsportart in so kurzer Zeit so viele Menschen begeistert; Menschen, denen Fliegen bisher zu aufwendig, zu teuer, zu riskant erschien. Endlich gibt es mit dem Gleitschirm die Möglichkeit, ganz einfach von einem Berggipfel davonzufliegen, hinab ins Tal, wie unter einem fliegenden Teppich. Das Buch lädt den Leser ein, dieser Flugsehnsucht nachzugeben. Gleitschirmfliegen sieht ja nicht nur einfach und sicher aus, sondern ist es im Prinzip auch. Unfallträchtig wird es jedoch, wenn man aus Unwissenheit oder Leichtsinn unnötige Risiken eingeht. Die Kenntnis der theoretischen Grundlagen ist daher zwingend notwendig – sie sind in diesem Buch auch für Noch-nicht-Flieger leicht verständlich aufbereitet. Diese sogenannten »Fußgänger« machen den Großteil der Flugschüler aus. Auffallend viele Frauen sind mit dabei – Gleitschirm-Segeln ist ja eher eine »sanfte« Sportart.

Bergwanderer und Kletterer verwandeln den lästigen Abstieg mit dem Gleitsegel in einen neuen Höhepunkt. Auch immer mehr Drachenflieger und Fallschirmspringer stellen begeistert fest: Keine komplizierte Technik, kein Streß mehr... Gleitschirmsegeln ist der geeignete Sport für fliegerische »Aussteiger«, die sich ohne großen Aufwand wieder reaktivieren wollen.

Ein Flugkurs an einer anerkannten Flugschule ist die Voraussetzung für den vorgeschriebenen Befähigungsnachweis. Dieses Lehrbuch ist für den Unterricht die bestmögliche Grundlage. Es wurde nach den offiziellen Lehrplänen zusammengestellt. Auch die neuesten technischen Entwicklungen und Erfahrungen sind schon mit aufgenommen.

Wie sicher ist Gleitschirmfliegen? Das hängt allein vom Piloten ab. Gleitsegel sind dank technischer Prüfung sicher und leicht beherrschbar – sofern man nicht mutwillig ihre Möglichkeiten überschreitet. Wetter und lokale Windverhältnisse sind für ausgebildete Piloten überschaubar. Doch wie der Pilot später im Flug mit seinem Gleitsegel umgeht, wie er sich in einer konkreten Situation entscheidet, das bestimmt er selbst auf Grundlage seiner Ausbildung – und seines persönlichen Verantwortungsbewußtseins.

Gleitschirmpiloten kennen kein Transportproblem, keine zeitraubende Vorbereitung, wie bei anderen Flugsportarten üblich. Es ist die reine Freude und Erholung. Was gibt es Schöneres, als nach einer Bergwanderung oben am Gipfel ein Stoffpäckchen aus dem Rucksack zu holen und einfach davonzuschweben – während die »Fußgänger« sehnsüchtig hinterherschauen? Kein anderer Luftsport kommt dem uralten Menschheitstraum von den eigenen Flügeln so nahe.

Fritz Kurz

Gerätekunde

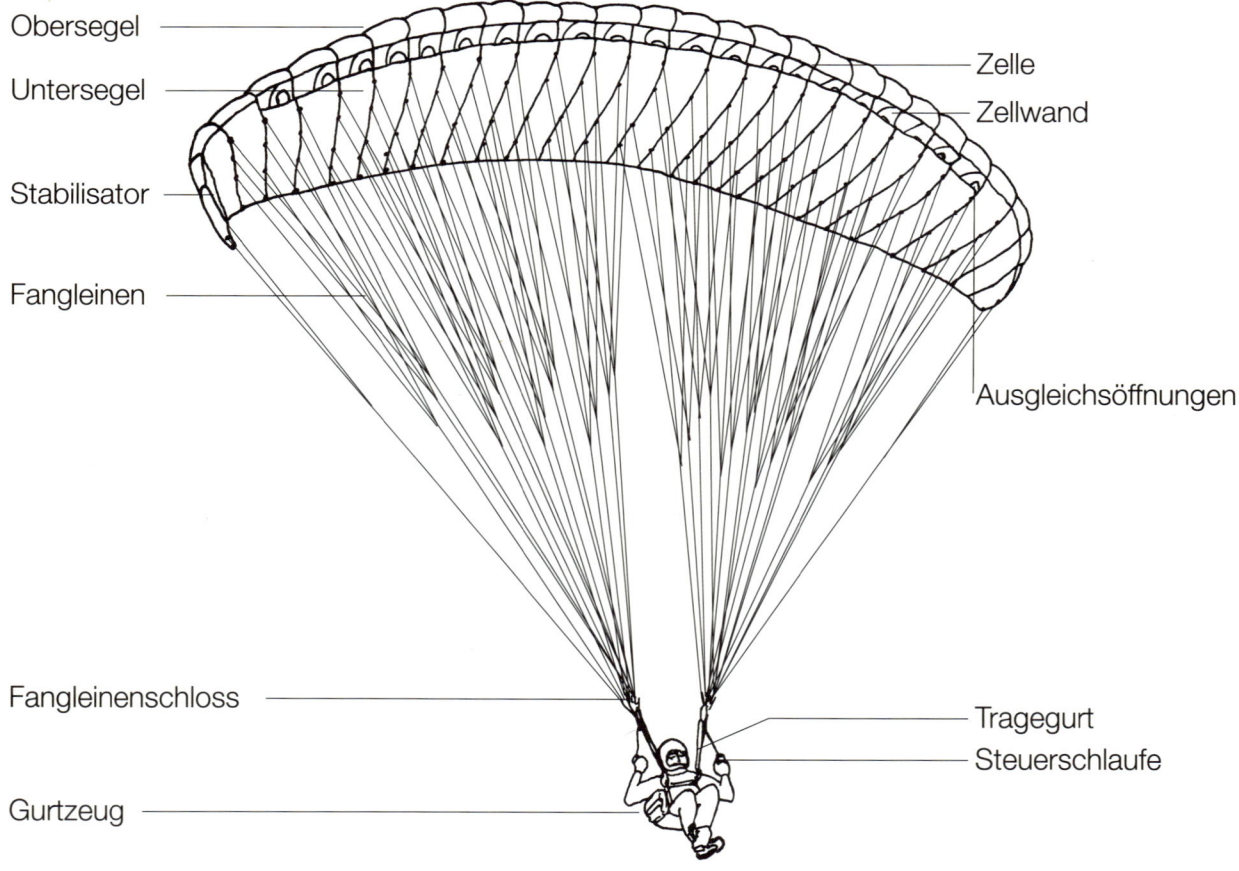

Obersegel

Untersegel

Stabilisator

Fangleinen

Fangleinenschloss

Gurtzeug

Zelle

Zellwand

Ausgleichsöffnungen

Tragegurt

Steuerschlaufe

Die Kappe des Gleitsegels

Obersegel und Untersegel sind durch senkrechte Rippen miteinander verbunden und bilden die Kappe (Kalotte). Im Flug strömt gestaute Luft durch Eintrittsöffnungen an der Vorderkante (Anströmkante) ins Innere der Kappe und hält sie durch den Staudruck prall.

An den »tragenden« **Rippen** sind unten die Fangleinen befestigt. Die tragenden Rippen unterteilen die Kappe in Zellen und heißen daher Zellwände. Jede Zelle kann durch eine oder mehrere nichttragende Rippen, die Zellzwischenwände, weiter in Kanäle (Kammern) unterteilt sein. Die Zellwände und Zellzwischenwände geben dem Gleitsegel das Profil. So hat eine Kappe mit 25 zweigeteilten Zellen insgesamt 50 Kammern.

Damit sich der Überdruck gleichmäßig in der Kappe verteilen kann, besitzen die Rippen große Druckausgleichsöffnungen (Cross Ports). So kann die Stauluft quer durch die Kappe strömen und sogar eingefallene Zellen von innen wieder füllen.

Die beiden außen herabhängenden Flächen sind **Stabilisatoren** (»Stabilos«). Sie wirken wie Ruderflächen und geben dem Gleitsegel mehr Flugstabilität. Um beim Start das Füllen der Zellen zu erleichtern, besitzen manche Kappen an der Vorderkante Versteifungen aus hartem Tuch. Kappen, deren Vorderkanten teilweise verschlossen sind wie die Rundnase eines Flugzeugflügels, werden über die Druckausgleichsöffnungen von den offenen Nachbarzellen her gefüllt. Nachteil: Die Kappe füllt sich langsamer. Der Flügelgrundriß ist in der Regel elliptisch oder trapezförmig.

Für die Kappen werden reißfeste synthetische **Ripstop-Gewebe** verarbeitet, meist Spinnaker-Tuch aus Polyamid (Nylon) oder Polyester. In Ripstop-Gewebe sind Verstärkungsfäden karoförmig eingewebt, die ein Weiterreißen erschweren. Genäht wird mit einem Faden aus passender Kunstfaser. Um das Tuch wasserabstoßend und luftundurchlässig zu machen, ist es mit Imprägnierung bzw. Beschichtung »ausgerüstet«.

Foto: Christine Pfeifer

Leinensystem

Die Darstellung beschreibt das Leinensystem konventioneller Bauart.

Zwischen ca. 70 und 250 **Fangleinen** münden in vier oder mehr Querreihen an der Unterseite in die Kappe des Gleitsegels. Sie werden üblicherweise als A-, B-, C-, D-Leinen usw. bezeichnet. Die A-Leinen sind knapp hinter der Vorderkante befestigt, die letzten Leinen am hinteren Viertel der Kappe. Die A- und B-Leinen tragen gemeinsam ca. 2/3 der Gesamtlast, da der Pilot unter dem vorderen Drittel der Kappe hängt.

Die hohe Leinenzahl dient der Lastverteilung auf viele Punkte. Die Profilgenauigkeit wird mit steigender Anzahl verbessert, und der Durchmesser der einzelnen Leine kann verringert werden. Ebenfalls zur Lastverteilung der Leinen können an der Kappe senkrechte Befestigungsdreiecke (Flares) zwischen Leinen und Untersegel angebracht sein.

Um Leinenwiderstand zu sparen, werden mehrere Leinen einer Querreihe zu sogenannten Stammleinen zusammengefaßt. Genauso können auch Leinen verschiedener Querreihen Y-förmig in gemeinsame Stammleinen zusammenlaufen.

Die Länge der Leinen bestimmt den Kappenradius und ergibt den Kappenbogen. Die unterschiedliche Länge der Fangleinen bestimmt den Anstellwinkel und die Verwindung der Kappe und legt somit die Trimmgeschwindigkeit fest.

Die Fangleinen werden in vier Gruppen zu den vier **Tragegurten** geführt. Diese verbinden Fangleinen und Gurtzeug. Man unterscheidet vordere und hintere Tragegurte, die jeweils rechts und links am Gurtzeug des Piloten zusammenlaufen und nach den zugehörigen Fangleinen mit A, B usw. benannt sind.

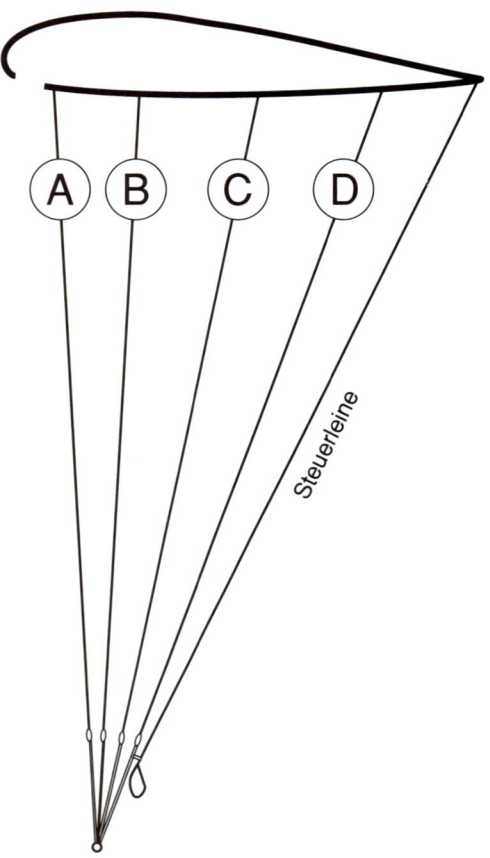

Mit Hilfe von **Beschleunigungssystemen** (z. B. Beinstrecker, Trimmer) läßt sich bei manchen Gleitschirmen die Länge der Tragegurte auch während des Fluges um ca. 5 bis 15 cm verkürzen. Diese Systeme funktionieren wie ein Flaschenzug und dienen der Erhöhung der Fluggeschwindigkeit durch Verringerung des Anstellwinkels. Beschleuniger können das Flugverhalten negativ beeinflussen und müssen daher für jedes Gleitsegelmuster geprüft sein.

Foto: Günter Kozeny

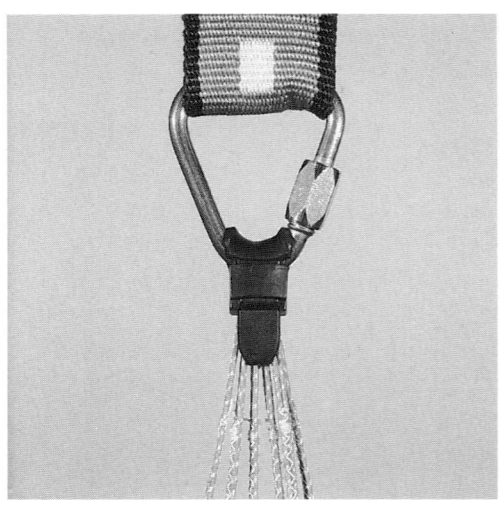

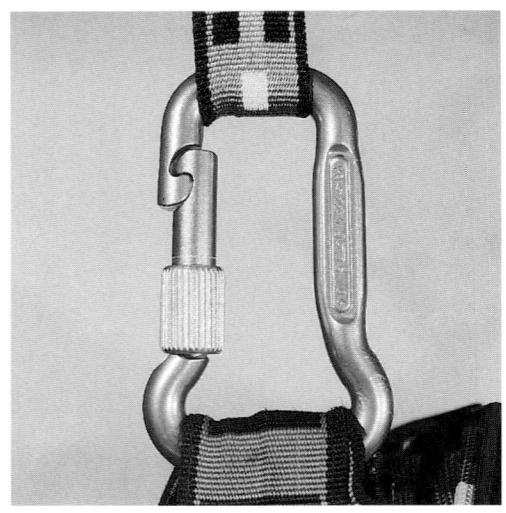

Die **Verbindungsglieder** zwischen Fangleinen und Tragegurten sind Schraubglieder (Leinenschlösser, Rapid-Glieder) aus Stahl. Sie müssen gegen selbständiges Öffnen gesichert sein (z. B. mit Gewinde-Kleber). Die Leinen sind mittels Schrumpfschlauch o. ä. im Leinenschloß gebündelt und so gegen Verdrehen gesichert.

Zusätzliche **Schraubkarabiner** zwischen Tragegurt und Gurtzeug (Gurtzeugaufhängung) ermöglichen dem Piloten, sich vor dem Start vom bereits ausgelegten Gleitsegel zu lösen, beispielsweise um dessen Lage zu korrigieren. Sie bestehen aus hochfestem Aluminium.

Die Leinen sind aus **Kernmantelseil** gefertigt und haben 1 bis 2 mm Durchmesser. Der Mantel besteht aus Polyester, der Kern aus Kevlar oder Polyethylenfasern. Kevlar hat den Vorteil geringerer Längenveränderung, Polyethylen ist weniger knickanfällig.

Die beiden **Steuerleinen** (Bremsleinen) sind mehrfach verzweigt an der äußeren rechten und linken Hinterkante der Kappe befestigt (Steuerspinne). Von dort laufen die Steuerleinen zu den hinteren Tragegurten herab und durch Führungsösen zu den Handschlaufen. Mit den Handschlaufen kann der Pilot zum Kurven oder Bremsen die Segelhinterkante rechts bzw. links herabziehen. Befestigungen wie Klettband oder Druckknopf dienen als Transportsicherung. Die Länge der Steuerleinen muß individuell vom Piloten eingestellt werden.

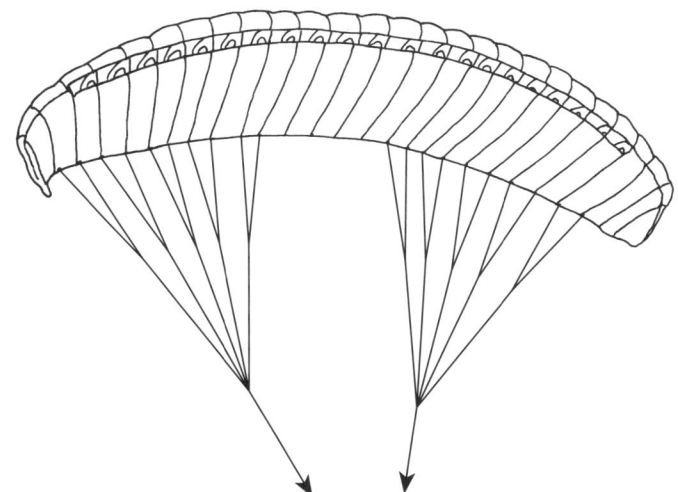

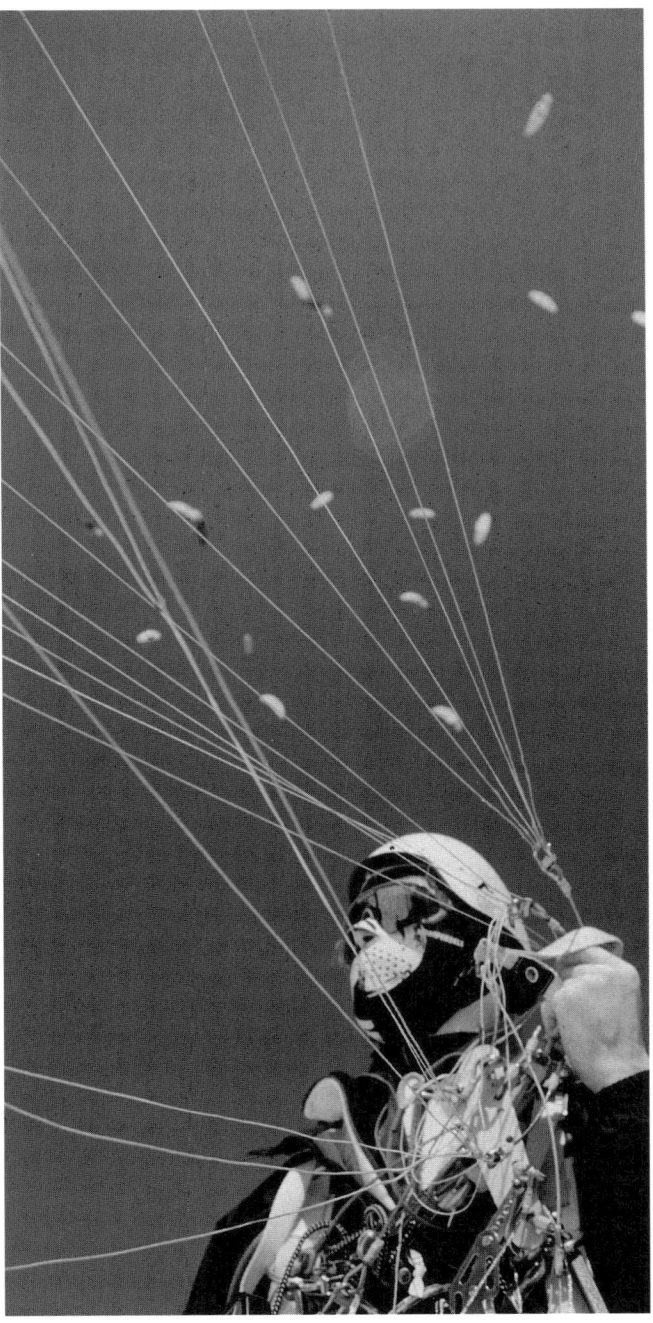

Foto: Christine Pfeifer

Meßgrundlagen

Die **Segelfläche** wird in Quadratmetern (m²) angegeben. Bei einsitzigen Gleitsegeln sind ca. 20 bis 30 m² üblich. Vereinfacht gemessen wird die bodenbedeckende Fläche des flach ausgelegten Segels ohne Stabilisatoren. Manchmal ist die projizierte Fläche (Draufsicht im Flug) angegeben, die auf Grund des Kappenbogens deutlich geringer ist.

Die **Flächenbelastung** ist das Verhältnis von Startgewicht zur Segelfläche. Es wird in Kilogramm pro Quadratmeter angegeben (kg/m²). Das Startgewicht setzt sich aus dem Gewicht des Fluggeräts und des Piloten nebst Ausrüstung zusammen.

$$\text{Flächenbelastung} = \frac{\text{Startgewicht}}{\text{Fläche}}$$

Beispiel: 65 kg Körpergewicht, 5 kg Gleitsegel, 5 kg Ausrüstung, Segelfläche 25 m²

$$\text{Flächenbelastung} = \frac{65\ kg + 5\ kg + 5\ kg}{25\ m^2} = 3\,kg/m^2$$

Je geringer die Flächenbelastung, um so langsamer fliegt und sinkt das Gleitsegel und läßt sich gutmütiger starten und landen. Aber Gegenwind macht zu schaffen, Klappstabilität und Wendigkeit leiden. Mit hoher Flächenbelastung fliegt das Gleitsegel schneller und wendiger. Üblich sind Flächenbelastungen zwischen 2 und 4 kg/m².

Die **Flügelstreckung** beschreibt den Bezug von Spannweite zur mittleren Flügeltiefe. Sie wird durch das Verhältnis von Spannweite im Quadrat zur Flügelfläche ausgedrückt. Beim Gleitsegel üblich sind Streckungen von ca. 3 bis 5.

$$\text{Streckung} = \frac{(\text{Spannweite})^2}{\text{Fläche}}$$

Beispiel: Spannweite 9 m, Segelfläche 27 m²

$$\text{Streckung} = \frac{9\ m \times 9\ m}{27\ m^2} = 3$$

Vorteil großer Flügelstreckung: Sie verringert die widerstandsreichen Randwirbel und kann so die Flugleistung verbessern. *Nachteil:* Es leidet die Verwindungssteifigkeit des Gleitsegels, der Schirm wird anfälliger für Turbulenzen und die Wendigkeit sinkt.

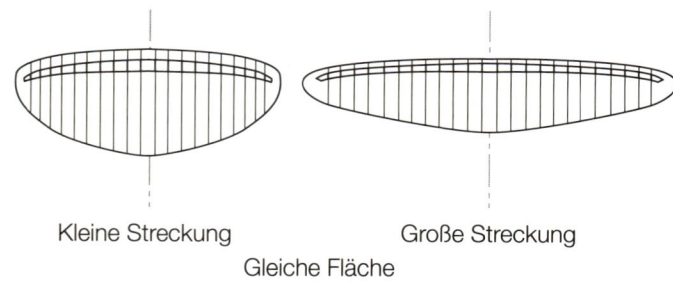

Kleine Streckung   Große Streckung
Gleiche Fläche

Packen

1. Das Gleitsegel ausgebreitet auf den Rücken legen, Fangleinen auf das Segel, Tragegurte in die Mitte an die Hinterkante.

2. Die Fläche beidseitig von außen her zur Mitte einklappen. Dieses Halbieren solange wiederholen, bis nur noch ein schmaler Segelwulst übrig ist.

3. Luft von hinten her aus den Zellen streichen und den Schirm von der Hinterkante her einrollen. Eintrittskante dabei einschlagen.

4. Das Bündel im Packsack verstauen. Beim Auslegen in umgekehrter Reihenfolge verfahren. Der Schirm kann mit den Stabilisatoren von der Mitte her in einem Zug aufgebreitet werden.

Es gibt verschiedene Varianten dieser Methode und andere Methoden gemäß Betriebsanleitungen.

Instandhaltung

Moderne Gleitsegel sind empfindliche Fluggeräte, die nur bei entsprechender Instandhaltung sicheres Fliegen über lange Zeit erlauben. Auch für die Instandhaltung gilt vorrangig die Betriebsanleitung.

Die **Alterung** ist das Hauptproblem. Die Imprägnierung oder Beschichtung des Kappentuches kann durch Dauerbeanspruchung und unsachgemäße Behandlung (z. B. Knittern, Schleifen am Boden, Reinigen, Bügeln) herausgelöst werden. Ein solches Segel wird luftdurchlässig, saugt Feuchtigkeit auf, läßt sich schwer starten und verändert seine Flugeigenschaften bis hin zu hoher Sackfluganfälligkeit mit Absturzgefahr.

Langdauernde UV-Bestrahlung schwächt den Segelstoff. Je dünner der Stoff, um so schneller erfolgt die Schwächung. Gleitsegel sollten nicht unnötig in der Sonne liegen, vor allem nicht im Hochgebirge.

Die Alterung der Leinen verändert hauptsächlich ihre Länge: Die stärker belasteten A- und B-Leinen dehnen sich auf Dauer, weniger belastete Leinen können im Mantel schrumpfen und sich dadurch verkürzen. Der Effekt ist eine Vergrößerung des Anstellwinkels mit den gleichen Gefahren wie die Alterung des Tuches.

Maßnahmen für die Instandhaltung

Die **Lagerung** von Gleitsegel, Gurtzeug und Rettungsschirm in trockenen Räumen. Feuchte Schirme vor dem Einlagern trocknen, sonst entstehen Stockflecken. Wegen UV-Belastung direkte Sonnenbestrahlung meiden.

Reinigung verschmutzter Kappen möglichst mit klarem Wasser und Schwamm, erforderlichenfalls im Bereich der Schmutzflecken mit Neutralseife in handwarmem Wasser. Nach Kontakt mit Salzwasser Schirm und Gurt mit Süßwasser gründlich spülen. Niemals mit Waschmaschine oder mit Chemikalien behandeln, auch nicht in einem Reinigungsbetrieb. Nicht bügeln; sonst leiden Festigkeit und »Ausrüstung« des Tuchs.

Die **Leinenlängen nachmessen** bei auffälligem Flugverhalten und stärkerer Beanspruchung (z. B. Schleppbetrieb, turbulente Flüge, Baumlandung). Die genaue Vorgehensweise, die vorgegebenen Leinenlängen sowie weitere Checkpunkte der Betriebsanweisung des Herstellers und dem Typenkennblatt entnehmen.

Reparaturen grundsätzlich vom Fachbetrieb ausführen lassen. Ausnahmsweise kleine Risse in der Kappe mit Selbstklebetuch schließen; nicht hitzebehandeln. Beschädigte Fangleinen – auch durch Verschleiß oder Überbeanspruchung gereckte Leinen – durch Originalleinen ersetzen bzw. ersetzen lassen. Abgerissene Leinen keinesfalls zusammenknoten.

Das **Rettungssystem** vor Nässe und Feuchtigkeit schützen. Nassen Rettungsschirm lüften und neu packen. Davon unabhängig regelmäßig nach Maßgabe des Herstellers neu packen. Hauptuntersuchung durch Hersteller alle zwei Jahre empfohlen. Freiliegenden Teil der Verbindungsleine besonders an der Austrittsstelle aus dem Container und an der Verbindungsschlaufe routinemäßig auf Schäden untersuchen. Klettverschlüsse sauber und verschlossen halten. Auf Funktionsfähigkeit der Verschlußsplinte achten. Befestigung am Gurtzeug kontrollieren.

Die **Nachprüfungen** durch den Hersteller, die für Gleitsegel alle 2 Jahre vorgeschrieben sind und bei denen die Kappe und die Leinen eingehend untersucht werden, unabhängig von den eigenen Kontrollen durchführen lassen.

Brustgurtzeug

Gurtzeug

Das Gurtzeug verbindet den Piloten mit dem Gleitsegel. Die verschiedenen Konstruktionen haben nicht nur Einfluß auf Sitzhaltung und Flugkomfort, sondern beeinflussen auch die Flugeigenschaften des Gleitsegels nachhaltig.

Der Pilot sitzt im Gurtzeug aufrecht oder zurückgelehnt (Supine). Unterschiedlich ist die Aufhängungshöhe: Hoch angebrachte Gurtzeugaufhängung stabilisiert den Schirm, eine niedrige Aufhängung begünstigt die Unterstützung des Kurvenflugs durch Gewichtsverlagerung des Piloten.

Von einem **Kreuzgurtzeug** spricht man, wenn das Parallelogramm aus Aufgängegurten, Sitzbrett und Brustgurt diagonal durch weitere Gurte ausgesteift ist. Die vertikale Verschiebung der Aufhängungen gegeneinander wird verhindert und starke Lageänderungen des Schirms haben kein Abkippen des Piloten mehr zur Folge.
Nachteil: Der Schirm reagiert träger auf Steuermanöver.

Jedes Gurtzeug ist für unterschiedliche Körpermaße an den Beinschlaufen, Schulterschlaufen und am Brustgurt durch Schiebeschnallen verstellbar.

Gurtzeuge bestehen aus **Polyester-** oder Polyamidgewebe mit Schaumstoffpolsterung und Gurtbändern. Das eingelegte Sitzbrett ist aus Sperrholz oder Glasfaser-Kunststoff. Als Verletzungsschutz können zusätzliche Teile eingebaut sein, z. B. Dämpfungspolster und Rückenschutzschale.

Einstellungen

Schirm und Gurtzeug müssen aufeinander abgestimmt sein und auf den Piloten individuell eingestellt werden. Die Betriebsanleitungen für den Gleitschirm und das Gurtzeug sind vorrangig zu beachten!

Die **Bremsleinen** sind je nach Aufhängungshöhe und Pilotengröße am Schirm einzustellen. Die kürzestmögliche Einstellung ergibt sich bei gerade noch ungebremstem Flug mit gelösten Bremsen. Dieser Stellung kann durch Verschieben des Handgriffs ein Leerweg hinzugefügt werden.

Am **Gurtzeug** können fast sämtliche Gurte verstellt werden. Ein Gurtzeug, das nicht auf den Piloten einjustiert ist, kann gefährlich sein!

Schulter- und Becken-/Hüftgurte müssen soweit verkürzt werden, daß der Pilot nach dem Start nicht rückwärts abkippt und er sich problemlos zur Landung aufrichten kann.

> **Achtung:**
>
> ◆ Der Leerweg darf nur so weit reichen, daß noch ausreichend Reaktionsweg zum Abreißen der Strömung bei der Landung verbleibt.
>
> ◆ Jede Änderung ist absolut symmetrisch und in kleinen Schritten (±5 bis 10 cm) auszuführen.
>
> ◆ Ungünstige Bremseneinstellung hat rasche Ermüdung zur Folge. Die Handstellung für normalen Kurvenflug sollte deutlich oberhalb Brusthöhe oder unterhalb Bauchhöhe liegen.
>
> ◆ Beim Einfliegen läßt sich notfalls die Überlänge um das Handgelenk wickeln.

Beinschlaufen und Brustgurt müssen vor jedem Flug nach dem Schließen der Schnallen neu eingestellt werden. Straffe Beingurte verhindern das Hochrutschen des Sitzbretts und erleichtern so den Einstieg ins Gurtzeug.

Die Breite der Aufhängung wird durch die Einstellung des Brustgurts bestimmt. Zu weite Einstellung erhöht die Abkippgefahr in turbulenter Luft und nach Einklappern. Zu knappe Einstellung dagegen kann das Verdrehen von Pilot und Schirm gegeneinander (Twist) begünstigen. Die Aufhängungen sollten über den seitlichen Sitzbrettkanten liegen, also parallel nach oben verlaufen.

Ist ein Kreuzgurt einstellbar, so geben Turbulenzgrad und persönlicher Pilotengeschmack den Ausschlag für dessen Einstellung. Grundsätzlich gilt: Je turbulenter die Verhältnisse und je unerfahrener der Pilot, um so straffer sollte der Kreuzgurt eingestellt sein.

Rettungsgerät

Für Notsituationen mit dauerhaftem Versagen des Gleitschirms, beispielsweise nach Zusammenstoß mit einem anderen Luftfahrzeug, muß ein Rettungsgerät mitgeführt werden.

Verwendet werden **Rundkappenfallschirme** mit kleinem Packmaß. Pilot, Gleitsegel und Rettungsschirm bleiben miteinander verbunden und sinken als Einheit zu Boden.

Der **Außencontainer** wird möglichst im Sichtbereich des Piloten am Gurtzeug befestigt. Er enthält den Innen- oder Wurfcontainer mit dem Rettungsfallschirm.

Mit der **Verbindungsleine** wird der Rettungsschirm an einer dafür vorgesehenen und geprüften Stelle am Gurtzeug eingehängt. Die Verbindungsleine muß an der Wurfseite zum Container führen, ohne den Piloten bei Start, Steuerung und Landung zu behindern.

Foto: Robert Kleinhans

Der **Auslösegriff** muß in jeder Lage problemlos zu erreichen sein.

Kappen und Leinen des Rettungsgerätes sind aus Elastizitätsgründen aus **Polyamid** (Nylon) gefertigt.

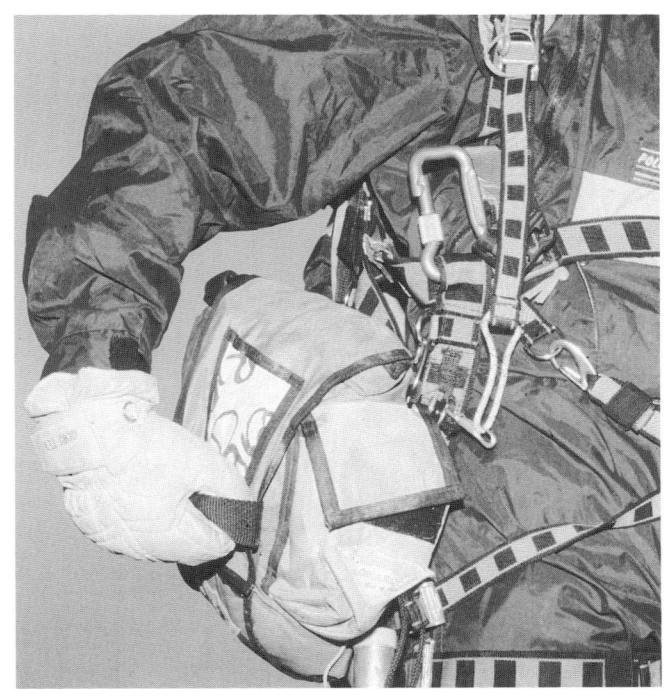

Auslösegriff

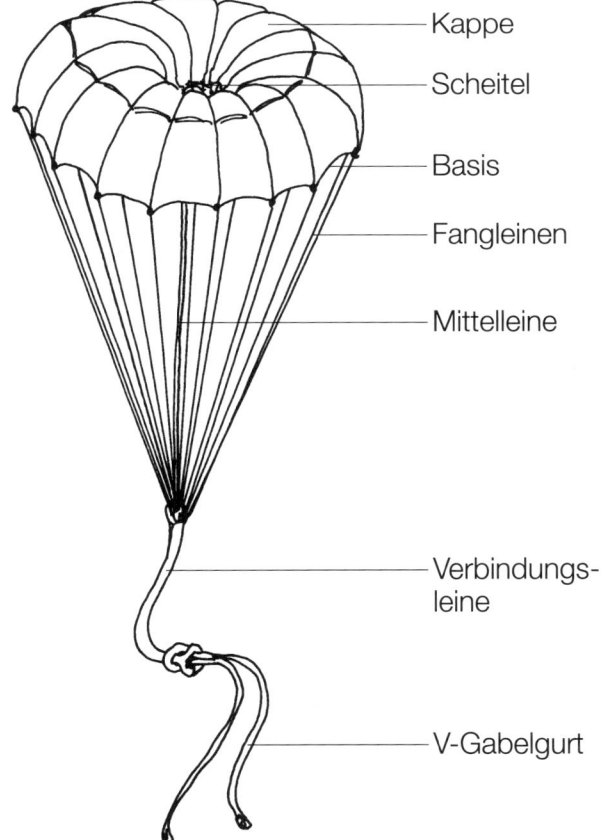

— Kappe

— Scheitel

— Basis

— Fangleinen

— Mittelleine

— Verbindungs-
leine

— V-Gabelgurt

Instrumente

Das **Variometer** zeigt das Steigen und das Sinken des Gleitsegels an. Die Anzeige erfolgt optisch und akustisch.

Der **Höhenmesser** zeigt die Flughöhe an. Die Funktion ist mechanisch oder elektronisch. Die Anzeige hängt vom Luftdruck am jeweiligen Ort ab und muß daher vor jedem Start eingestellt werden.

Der **Geschwindigkeitsmesser** zeigt die Eigengeschwindigkeit (Bahngeschwindigkeit) des Gleitsegels an. Nach ihrer Funktionsweise werden mechanische und elektronische Systeme unterschieden. Die Messungen sind ungenau. Sie verbessern sich mit zunehmendem Abstand vom Piloten und mit Einstellung in Strömungsrichtung.

Ein **Kompaß** und ein **GPS** (Satelliten-Navigations-System) dienen der Navigation, der **Barograph** (Höhenschreiber) der Dokumentation bei Streckenflügen.

Der **Windmesser** (Anemometer) mißt als Schalenkreuz- oder Staudrucksystem die Strömungsgeschwindigkeit der Luft. Verwendbar ist auch ein sensibler Geschwindigkeitsmesser.

Foto: Till Gottbrath

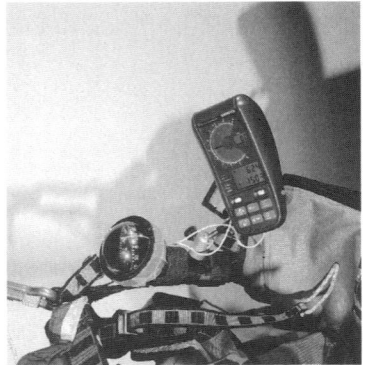

DHV-Gütesiegel

Gleitsegel, Gurtzeug, Rettungsgerät werden vom Deutschen Hängegleiterverband technisch geprüft. Bei positivem Abschluß wird die Musterzulassung (DHV-Gütesiegel) erteilt.

Die **Festigkeitsprüfungen** für die Gleitsegel decken zwei verschiedene Belastungsformen ab, die im Flugbetrieb auftreten können: Die konstante Belastung zum Beispiel im Kurvenflug, beim Abfangen oder in Böen und die schockartige Belastung, wenn sich das Gleitsegel nach längerer Einklapp-Phase wieder öffnet. Bei der konstanten Belastung wird das Gleitsegel auf einem Prüffahrzeug mit ständig steigender Geschwindigkeit gezogen, bis die Prüflast erreicht ist. Beim Schocktest ist das Gleitsegel durch ein schlangenförmig ausgelegtes Stahlseil mit dem Zugfahrzeug verbunden und erhält, wenn das Fahrzeug das Stahlseil strafft, den Öffnungsschlag.

Gleitsegel-Belastungstest   Foto: Andreas Schmidtler

Die **Testflüge** sind das Kernstück des Prüfverfahrens. Die Testpiloten erfliegen bis in die Grenzbereiche die ganze Palette an Flugfiguren, Flugzuständen, dynamischen Abläufen und Notsituationen sowie das Start- und Landeverhalten. Jedes Testflugprogramm wird von zwei Testpiloten unabhängig voneinander jeweils vollständig geflogen, bei Geräten mit Veränderungsmöglichkeiten sind zusätzliche Testflüge erforderlich. An Hand der Testflugergebnisse wird die Geräteklassifizierung festgelegt.

Klassifizierung

1 = für Piloten, die an einem einfachen Flugverhalten interessiert sind, z. B. weil sie selten fliegen.

2 = für Piloten, die den Ausbildungsstand Befähigungsnachweis A haben und genußvolles Fliegen vorziehen.

3 = für Piloten, die den Ausbildungsstand Befähigungsnachweis B haben und regelmäßig und in kurzen Zeitabständen fliegen.

E = Spezielle Einweisung erforderlich, z. B. wegen ungewöhnlicher Steuerung.

G = Spezielles Gurtzeug erforderlich, sonst besteht kein Betriebstüchtigkeitsnachweis.

Die Klassifizierung erstreckt sich auf Flugverhalten und Bedienung der Geräte, nicht auf deren Flugleistung.

Bei den **Rettungsgeräten** geht es hauptsächlich um Festigkeit, Öffnungshöhe und Sinkgeschwindigkeit. Außerdem muß sich das Rettungsgerät einfach packen und problemlos auslösen lassen. Öffnungshöhe und Festigkeit werden durch Abwurfversuche geprüft, die Sinkgeschwindigkeit durch Vergleichstests mit einem exakt vermessenen Standardschirm.

Bei den **Gurtzeugen** stehen neben der Funktionsprüfung die Festigkeitsversuche im Vordergrund. Der Pilot darf nicht in seiner Bewegungsfähigkeit behindert sein, er darf auch in ungewöhnlicher Position nicht herausfallen können. Mit einer Zugprüfmaschine werden sie den härtesten zu erwartenden Belastungen in verschiedenen Zugrichtungen ausgesetzt.

In den **Detailprüfungen** werden fachgerechte Verarbeitung, Betriebsanweisung und Stückliste der verwendeten Materialien gecheckt. Die Dokumentation des Gleitsegels, des Rettungsgeräts und des Gurtzeugs ist durch die Einlagerung des geprüften Mustergerätes gewährleistet.

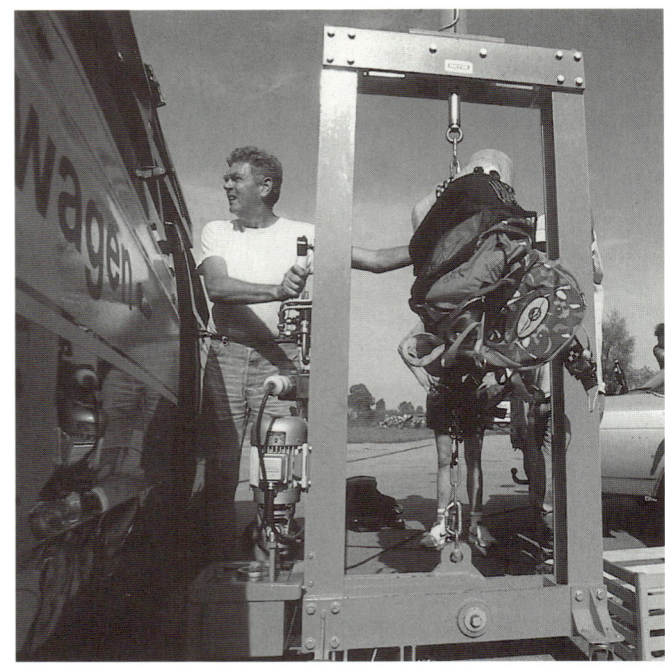

Gurtzeug-Zerreißtest   Foto: Andreas Schmidtler

Aerodynamik

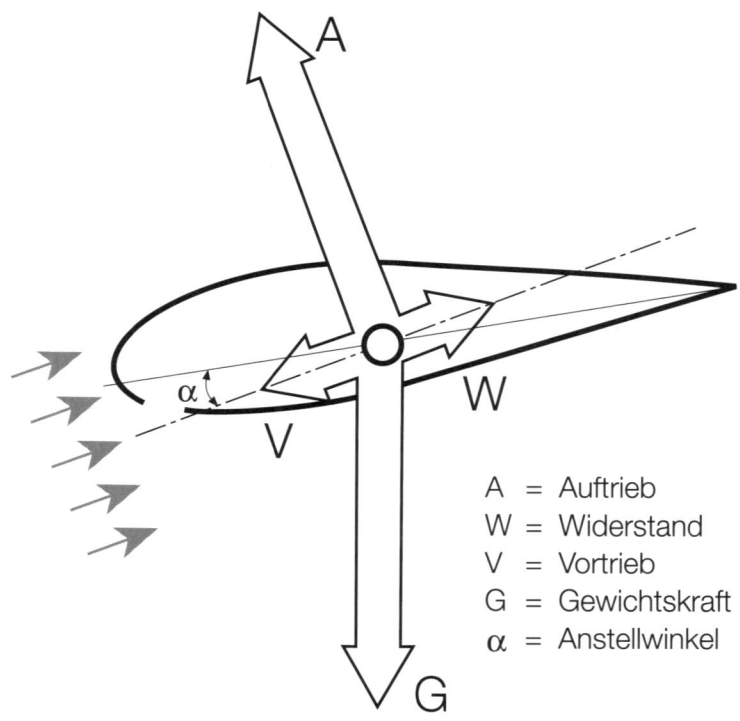

A = Auftrieb
W = Widerstand
V = Vortrieb
G = Gewichtskraft
α = Anstellwinkel

Warum fliegt das Gleitsegel? – Auf diese Frage antwortet die Aerodynamik, die Lehre von den Kräften an einem von Gas umströmten Körper. Jedes Fluggerät – also auch das Gleitsegel – ist den Gesetzen der Aerodynamik unterworfen.

Die Ausführungen zu diesem komplizierten Sachgebiet der Physik beschränken sich auf die für das Begreifen des Gleitsegelfluges notwendigen Teilberei-

che. Formeln und Fachausdrücke werden nur insoweit verwendet, als sie zum Verständnis – und zur eigenen Sicherheit – erforderlich sind. Komplizierte Zusammenhänge sind vereinfacht dargestellt, einzelne Ungenauigkeiten lassen sich dabei nicht vermeiden. Die Ausführungen kreisen im wesentlichen um obenstehende Schemazeichnung, die Strich um Strich später aufgenommen, erläutert und ergänzt wird.

Die Kräfte beim stationären Geradeausflug

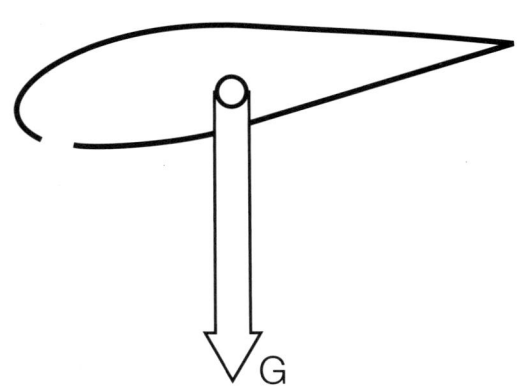

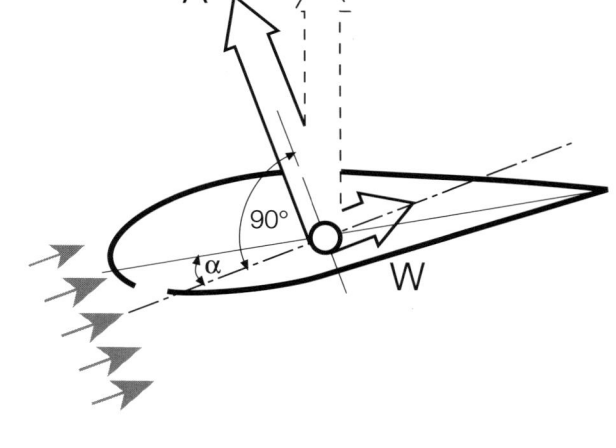

Die **Erdanziehung** zieht das Gleitsegel (GS) mit der Kraft G senkrecht nach unten. G ist das Gewicht des GS und des Piloten nebst Ausrüstung, das sogenannte Startgewicht.

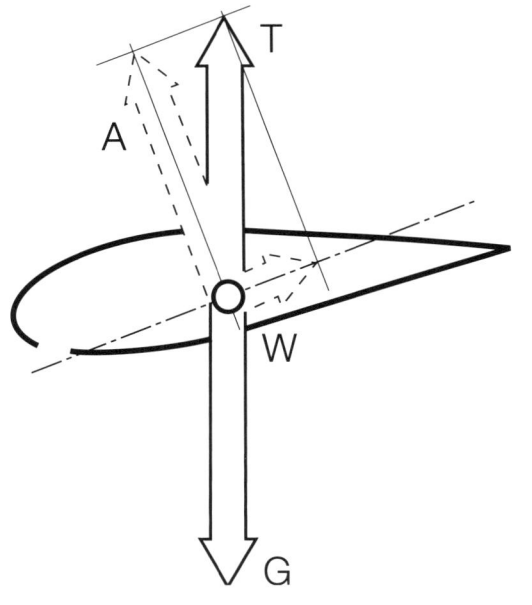

Das Gewicht wird kompensiert durch die **Totale Luftkraft** T. Diese bildet zugleich die resultierende Kraft aus Auftrieb und Widerstand.

Der **Auftrieb** A zieht das GS gleichzeitig nach oben und nach vorn. Er wirkt senkrecht zur Strömungsrichtung, d. h. zu der Richtung, aus der die Luftteilchen auf das GS treffen.

Der **Widerstand** W bremst das GS ab; er wirkt in Strömungsrichtung. Ebenso wie der Auftrieb steht er in engem Zusammenhang mit dem Anstellwinkel α.

Der **Anstellwinkel** α ist der Winkel zwischen Strömungsrichtung und mittlerer Profilsehne.

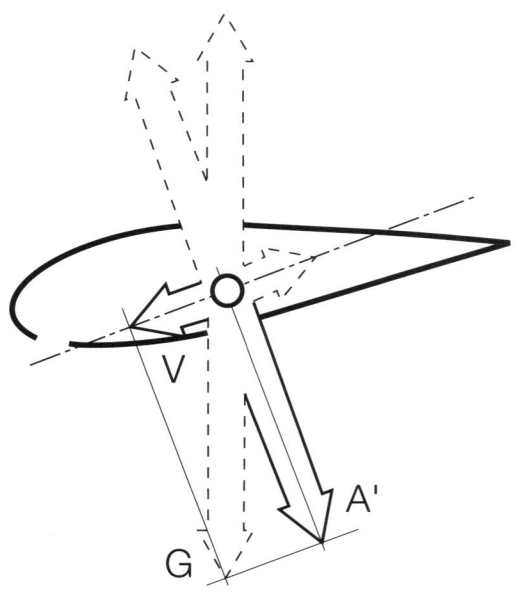

Der **Vortrieb** V ist die eine Komponente der Gewichtskraft, die andere heißt Auftriebsgegenkraft A'. Für die Erzeugung des Vortriebs muß das motorlose GS Höhe opfern: Höhe (potentielle Energie) wandelt sich um in Bewegung (kinetische Energie) und kompensiert die Bremswirkung des Widerstands.

Der Auftrieb

Dem Auftrieb verdanken wir das Fliegen. Durch den Auftrieb unterscheidet sich das GS vom konventionellen Fallschirm.

Strömung

Grundvoraussetzung für den Auftrieb ist, daß am Flügel Strömung anliegt; Luftteilchen und GS gleiten aneinander vorbei. Dabei spielt es keine Rolle, ob

◆ die Luftteilchen ruhen und sich das GS bewegt (Windstille);
◆ Luft und GS sich gegeneinander bewegen (mäßiger Gegenwind);
◆ Luft und GS zwar dieselbe Bewegungsrichtung haben, das GS aber schneller ist (Rückenwind);
◆ das GS »steht« und sich nur die Luft bewegt (starker Gegenwind bei ca. 40 km/h);
◆ das GS über Grund rückwärts fliegt (sehr starker Gegenwind).

Es kommt lediglich darauf an, daß die Luftteilchen von vorn nach hinten und mit ausreichender Geschwindigkeit am Segel entlanggleiten.

Foto: Tilman v. Mengershausen

Geschwindigkeit

Entscheidend in der Aerodynamik ist die Eigengeschwindigkeit des GS (air speed). Eigengeschwindigkeit ist die Schnelligkeit, mit der sich das GS durch die Luft bewegt, d. h. die Schnelligkeit, mit der die Luftteilchen an der Tragfläche vorbeiströmen. Die Eigengeschwindigkeit wird auch als Strömungs- oder als Fluggeschwindigkeit bezeichnet. Besondere Geschwindigkeitswerte der Eigengeschwindigkeit sind

◆ die Mindestgeschwindigkeit, bei der das GS gerade noch steuerfähig ist;
◆ die Abreißgeschwindigkeit, bei der die tragfähige Strömung vom Flügel abreißt;
◆ die Startgeschwindigkeit, bei der das Gerät abhebt;
◆ der Gleitgeschwindigkeitsbereich, bei dem die Strömung zuverlässig am Flügel anliegt;
◆ die Höchstgeschwindigkeit, unter der die zulässige Höchstgeschwindigkeit zu verstehen ist; bei Überschreitung droht Geräteversagen.

Die besonderen Geschwindigkeitswerte sind abhängig von der Bauweise des Gerätes.

Von der Eigengeschwindigkeit strikt zu trennen ist die Geschwindigkeit über Grund (ground speed), die die Schnelligkeit des GS über dem Erdboden – »über Grund« – angibt und keine Bedeutung für die Aerodynamik hat. Ausgehend von einer konstanten Eigengeschwindigkeit im Flug verringert sich bei Gegenwind die Geschwindigkeit über Grund; bei Rückenwind erhöht sie sich; dies hat besondere Bedeutung für Start und Landung.

Das Segel als Profil

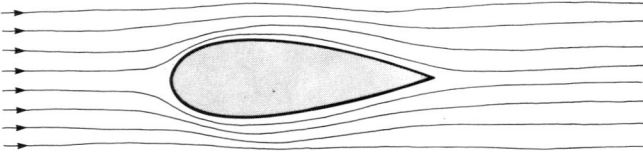

Strömung, die auf ein symmetrisches Profil trifft, teilt sich vor dem Profil und schließt sich dahinter wieder.

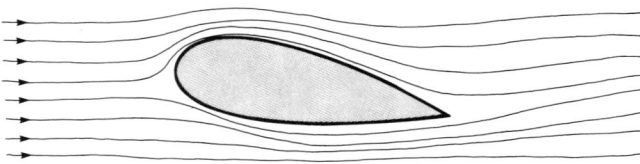

Gibt man dem symmetrischen Profil einen Anstellwinkel, so entsteht eine Zirkulationsströmung um das Profil, die sich auf der Oberseite beschleunigend und auf der Unterseite verlangsamend auf die Strömung auswirkt.

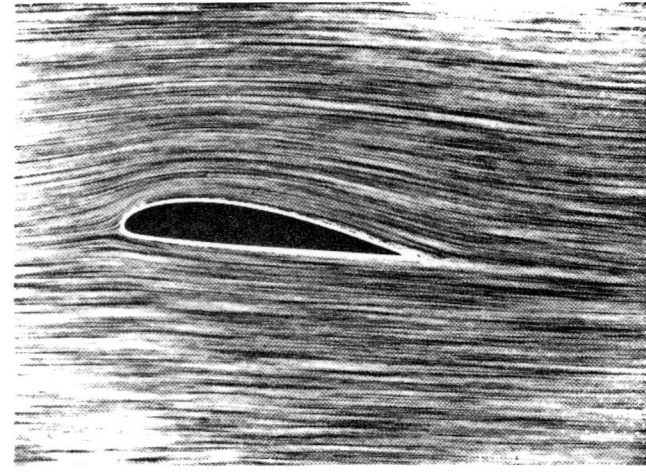

Foto: Profil Strömungskanal

30

Beim asymmetrischen Profil ist die Beschleunigung auf der Profiloberseite »eingebaut«.

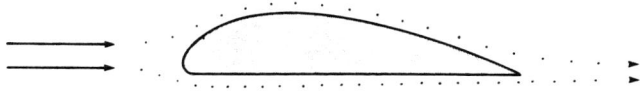

Die größere Geschwindigkeit auf der Oberseite hat zur Folge, daß die Luftteilchen dort dünner gelagert sind als auf der Unterseite, wo die Luftteilchen zusammengepreßt werden.

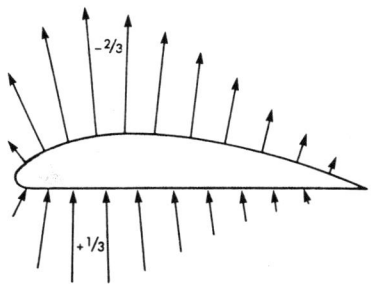

Auf der Oberseite entsteht dabei ein Unterdruck (Sog), auf der Unterseite ein Überdruck, die beide gemeinsam Auftrieb erzeugen. An der Auftriebserzeugung ist der Sog mit etwa 2/3 beteiligt, der Überdruck mit 1/3.

Das Profil des Gleitsegels

Beim Gleitsegel bildet sich das Profil durch Überdruck im Inneren der Kappe (Staudruck-System). Bewegt sich der Schirm in der Luft vorwärts, strömen Luftteilchen durch die Eintrittsöffnungen ins Kappeninnere. Es entsteht Staudruck, der Ober- und Untersegel und auch die beiden äußeren Zellwände auseinanderdrückt. Die Kappe füllt sich prall auf.

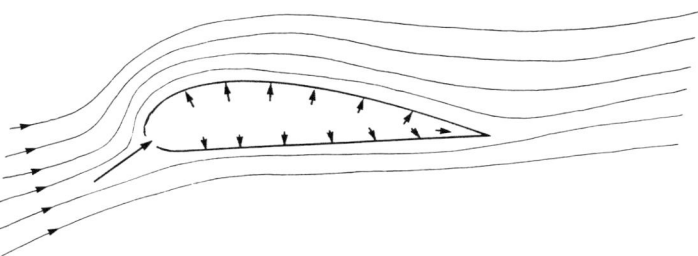

Der innere Überdruck beträgt bei 30 km/h nur ca. 4 kp pro Quadratmeter Segelfläche. Das genügt, um in Verbindung mit den Leinenaufhängungen und der Zellenstruktur dem Segel ausreichend Steifigkeit zu geben.

Der Staudruck und damit die Steifigkeit sinken und steigen im Quadrat zur Eigengeschwindigkeit. Bei einer Halbierung der Geschwindigkeit auf 15 km/h beträgt der Staudruck nur noch ein Viertel, die Kappe wird entsprechend weicher. Beträgt die Eigengeschwindigkeit Null, können sich die Zellen ganz entleeren, das Profil fällt zusammen.

Auftriebsformel

$$\text{Auftrieb } A = c_A \cdot \frac{\varsigma}{2} \cdot v^2 \cdot F$$

c_A = Auftriebsbeiwert, abhängig von der Profilform, von der Flügelform und vom Anstellwinkel
ς = Luftdichte
v = Eigengeschwindigkeit
F = projizierte Segelfläche

Die Auftriebsformel bedeutet

◆ Je größer die Fläche, desto größer der Auftrieb; Auftriebsvergrößerung linear zur Flächenvergrößerung.
◆ Je größer die Geschwindigkeit, desto größer der Auftrieb; Auftriebsvergrößerung quadratisch zur Geschwindigkeitserhöhung.
◆ Je geringer die Luftdichte, desto geringer der Auftrieb; Auftriebsverringerung linear zur Verringerung der Luftdichte.

Auftriebsverteilung am Flügel

Der Auftrieb ist im vorderen Drittel des Flügelprofils besonders ausgeprägt. Die Auftriebsverteilung über die Spannweite konzentriert sich beim ungebremsten Gleitflug auf den Mittelbereich des Segels. Bei Steuerleinenzug verstärkt sich der Auftrieb an den äußeren Flächenbereichen wegen des dort größeren Anstellwinkels.

Der Widerstand

Widerstand bremst das Gleitsegel und kostet Leistung. Die Geräteentwicklung gilt daher in erster Linie der Widerstandsminderung. Trotzdem ist beim Gleitsegelflug auch Widerstand notwendig, für Steuerung und Landung. Drei Widerstandsarten sind beim Gleitsegel wesentlich: Formwiderstand, Randwiderstand und Restwiderstand.

Formwiderstand

Der Formwiderstand wird durch die auftriebserzeugenden Teile verursacht, beim Gleitsegel durch die Kappe. Er wächst linear mit der Vergrößerung der in Strömungsrichtung projizierten Fläche, also mit der Erhöhung des Anstellwinkels.

Randwiderstand

Der Randwiderstand – auch als induzierter Widerstand bezeichnet – entsteht an den Flächenrändern. In ihrem Bestreben, die Druckunterschiede zwischen Ober- und Unterseite auszugleichen, entweicht die Unterluft über die seitlichen und hinteren Flügelränder und bildet widerstandsreiche Wirbelzöpfe. Infolge des

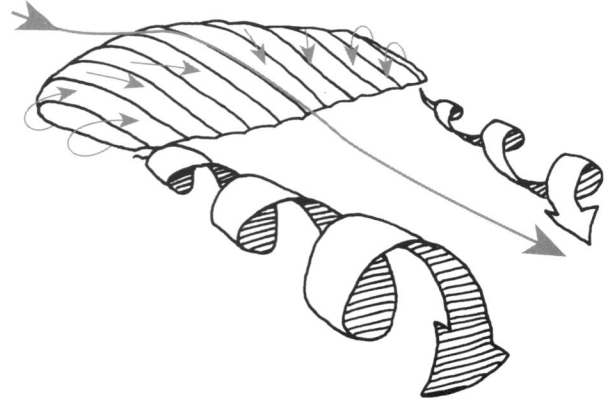

Druckausgleichs gehen gleichzeitig die äußeren Flügelteile für die Auftriebserzeugung verloren. Eine große Streckung vergrößert das für die Auftriebserzeugung verbleibende Mittelteil der Segelfläche.

Restwiderstand

Der Restwiderstand wird durch die an der Auftriebserzeugung nicht mitwirkenden Teile verursacht. In erster Linie entsteht er am Piloten und am Leinensystem. Gegenüber der Sitzposition des Piloten ist die Liegeposition widerstandsärmer.

Foto: Günter Kozeny

Widerstandsformel

$$\text{Widerstand } w = c_w \cdot \frac{\varsigma}{2} \cdot v^2 \cdot F$$

c_w = Widerstandsbeiwert; abhängig von der Form der widerstandserzeugenden Teile und vom Anstellwinkel
ς = Luftdichte
v = Eigengeschwindigkeit
F = projizierte Segelfläche

Die Widerstandsformel bedeutet:

◆ Je größer die Fläche, desto größer der Widerstand; Widerstandsvergrößerung linear zur Flächenvergrößerung.
◆ Je größer die Geschwindigkeit, desto größer der Widerstand; Widerstandsvergrößerung quadratisch zur Geschwindigkeitserhöhung.
◆ Je geringer die Luftdichte, desto geringer der Widerstand; Widerstandsverringerung linear zur Verringerung der Luftdichte.

Widerstandsbeiwerte C_W

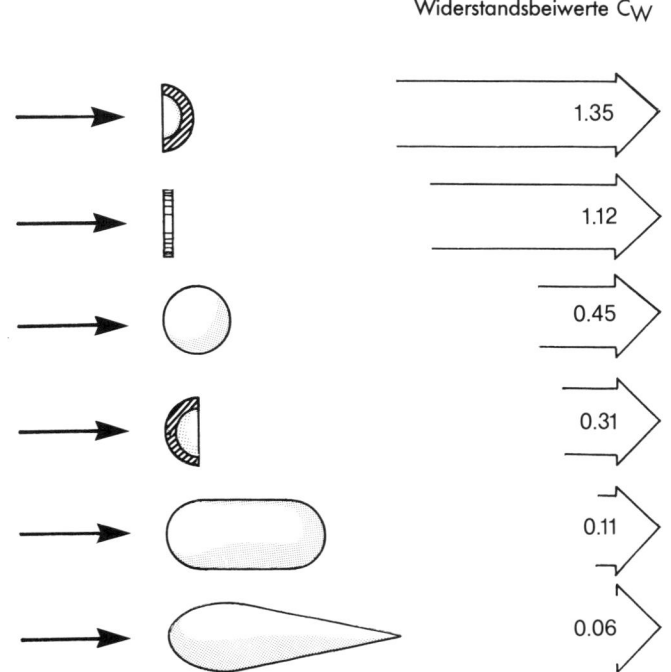

Die Steuerung der Geschwindigkeit

Durch Zug an beiden Steuerleinen wird die Hinterkante des Gleitsegels an den äußeren Bereichen der Kappe heruntergezogen. Dadurch verändern sich der Anstellwinkel und die Profilform der Kappe.

Die totale Luftkraft, die vom Pilotengewicht bestimmt ist, bleibt bei allen stationären Geschwindigkeiten gleich, es ändert sich lediglich das Verhältnis von Auftrieb zu Widerstand.

Bei lockeren Steuerleinen fliegt das Gleitsegel mit seiner Höchstgeschwindigkeit, »volle Fahrt«. Der Anstellwinkel ist klein, der Auftrieb mäßig.

Bei leichtem Steuerleinenzug fliegt das Gleitsegel etwas langsamer. Profilform und Anstellwinkel erhöhen den Auftrieb. Auftrieb und Widerstand sind so aufeinander abgestimmt, daß der beste Gleitwinkel erreicht ist (Geschwindigkeit des besten Gleitens).

Zieht man die Bremsleinen tiefer herab, wird das Gleitsegel weiter verlangsamt. Die Strömung liegt noch weitgehend am Profil an. Das Gleitsegel fliegt mit geringstem Höhenverlust pro Sekunde (Geschwindigkeit des geringsten Sinkens).

Werden die Steuerleinen noch deutlich weiter herab gezogen, wird die Strömung sich großflächig von der Oberseite des Profils ablösen (Mindestgeschwindigkeit). Der Widerstand wächst zu Lasten des Auftriebs. Der Gleitwinkel verschlechtert sich und die Sinkgeschwindigkeit nimmt zu.

Der Strömungsabriß

Wenn sich die Strömung nicht mehr am Profil halten kann, reißt sie völlig ab. Ursachen sind – meist verkoppelt –

◆ zu geringe Eigengeschwindigkeit;
◆ zu großer Anstellwinkel (auch durch Böeneinwirkung);
◆ zu starke Profilwölbung (durch Steuerleinenzug).

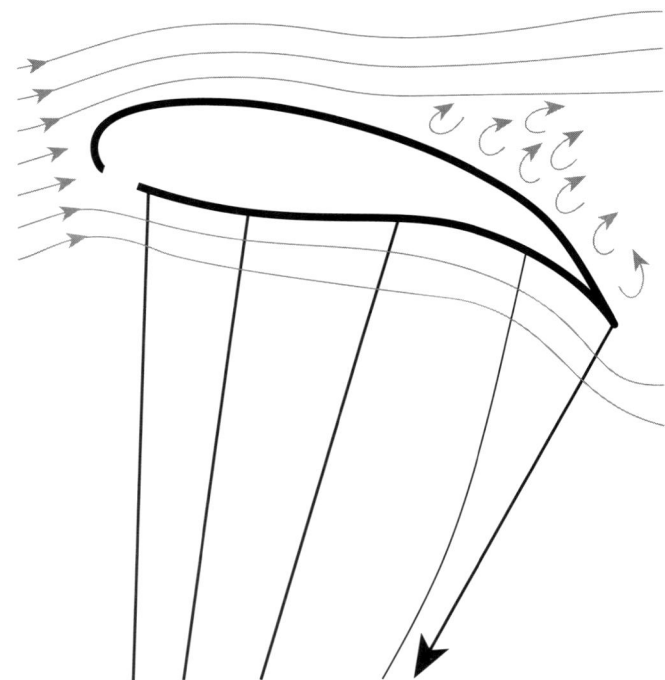

Beim vollständigen Strömungsabriß

◆ verliert das Gleitsegel den Auftrieb;
◆ wirkt nur der Widerstand;
◆ kann der Kappeninnendruck zusammenbrechen.

Der Strömungsabriß setzt je nach Gerätetyp und Flächenbelastung weicher oder härter ein. Jede Landung ist ein gewollter Strömungsabriß.

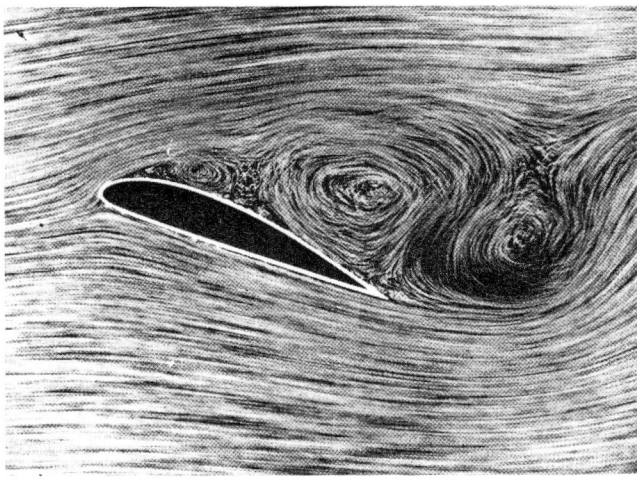

Strömungsabriß im Strömungskanal

Einklappen

Wird der Anstellwinkel zu klein, so wird die Flügelnase von oben angeströmt. Die Steifigkeit des luftgefüllten Gleitschirmprofils ist zu gering, um den aerodynamischen Kräften standzuhalten: Der Schirm klappt nach unten ein.

Diese Anstellwinkelverringerung kann nicht geräteseitig eingestellt werden, sondern sie entsteht durch

◆ Böeneinwirkung in turbulenter Luft;
◆ Vorschießen der Kappe beim Start oder im Flug.

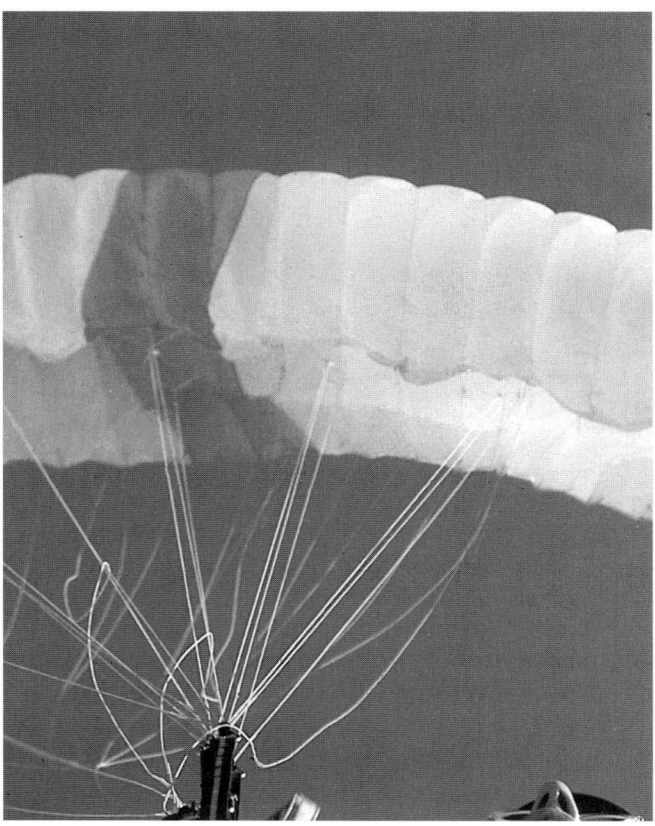

Foto: Christoph Kirsch

35

Pendelstabilität

Die Gleitschirmfläche ist infolge ihrer Profilwölbung eigentlich aerodynamisch instabil. Das heißt, jede Anstellwinkelstörung durch äußere Einwirkung oder Bremsen wird noch verstärkt. Doch die starke Pendelwirkung des tiefhängenden Piloten überlagert diese Instabilität, richtet den Gleitschirm aus der Schieflage wieder auf. Das Gewicht des Piloten und der Widerstand der Schirmkappe erzeugen das nötige Drehmoment. Es ist eine mechanische Drehung auf Grund der Hebelwirkung des Piloten.

Die Pendelwirkung

◆ stabilisiert den Schirm um die Querachse, sorgt für die Einhaltung des normalen Anstellwinkels;
◆ stabilisiert den Schirm um die Längsachse, verhindert das seitliche Wegkippen des Flügels;
◆ läßt den Piloten nach der Kurve zurückschwingen.

Achtung! Abrupte Steuerbewegungen können unerwünschte Pendelbewegungen auslösen.

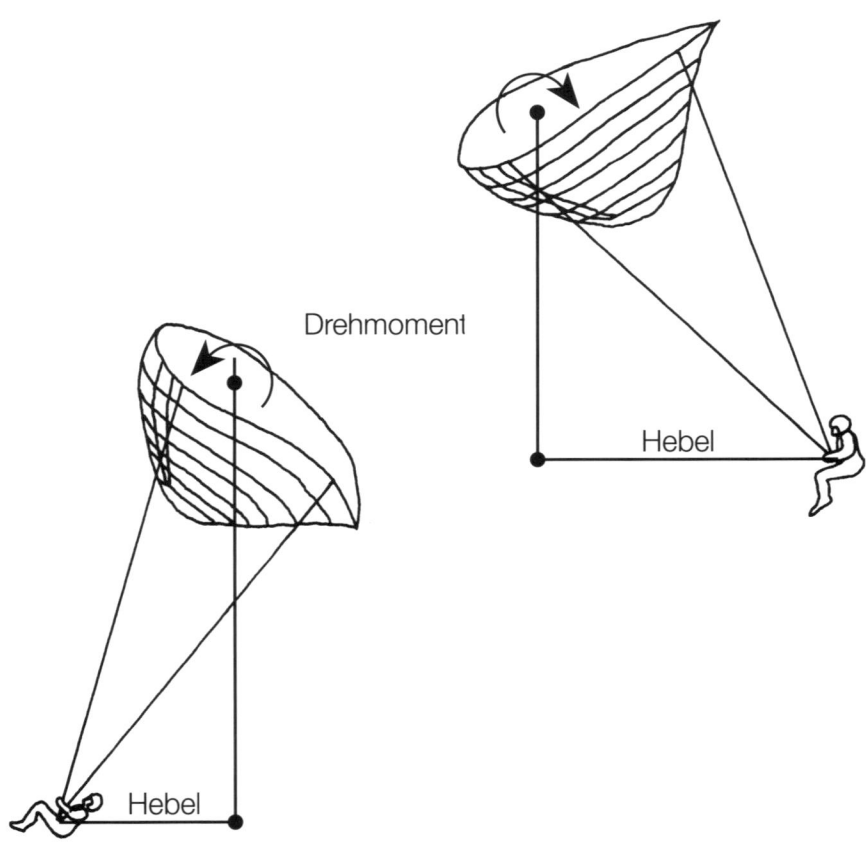

Drehmoment

Hebel

Hebel

Die Drehachsen

Alle aerodynamischen Drehbewegungen vollführt der Gleitschirm um die drei aerodynamischen Drehachsen, die sich im Schwerpunkt des Gesamtsystems Schirm-Pilot schneiden.

◆ Der Schirm **nickt** um die **Querachse.** Der Pilot pendelt vor und zurück.
◆ Der Schirm **rollt** um die **Längsachse.** Der Pilot pendelt nach links und rechts.
◆ Der Schirm **giert** um die **Hochachse.** Der Pilot dreht sich.

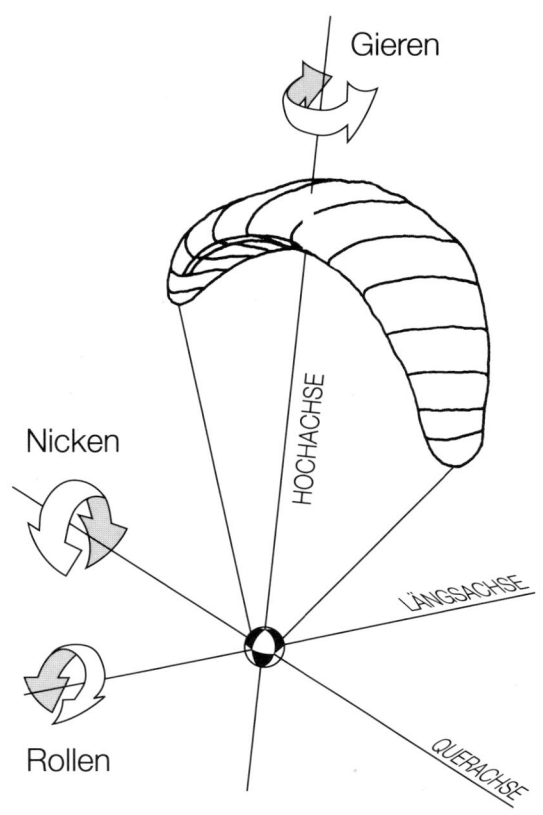

Foto: Günter Kozeny

Kräfte beim Kurvenflug

Für eine stationäre Kurve, d. h. ohne Einleit- und Ausleitphase, müssen Kurvenradius, Schräglage, Geschwindigkeit und Gewicht aufeinander abgestimmt sein.

Geschwindigkeit, Kurvenradius und Gewicht (Startgewicht) ergeben die horizontal nach außen gerichtete Zentrifugalkraft Z.

Aus der Zentrifugalkraft Z und Gewicht G resultiert das senkrecht zur schräggestellten Querachse wirkende Kurvengewicht G_K.

Das Kurvengwicht G_K wird kompensiert durch die Totale Luftkraft T_K.

Das beim Kurvenflug auftretende Kurvengewicht G_K ist größer als das einfache Gewicht G. Dementsprechend ist die Totale Luftkraft als Gegenkraft beim Kurvenflug größer als beim Geradeausflug. Der Zuwachs der Totalen Luftkraft bedeutet gleichzeitig einen Zuwachs für Widerstand und Auftrieb, kostet weitere Energie, erhöht die Stallgeschwindigkeit und bringt Höhenverlust.

Um diesen Zuwachs zu erreichen, liegt die Geschwindigkeit in der Kurve entsprechend höher. Durch das höhere Kurvengewicht G_K wird das Gerät je nach Kurvenlage stärker belastet, bei 60 Grad Schräglage doppelt so stark wie im stationären Geradeausflug.

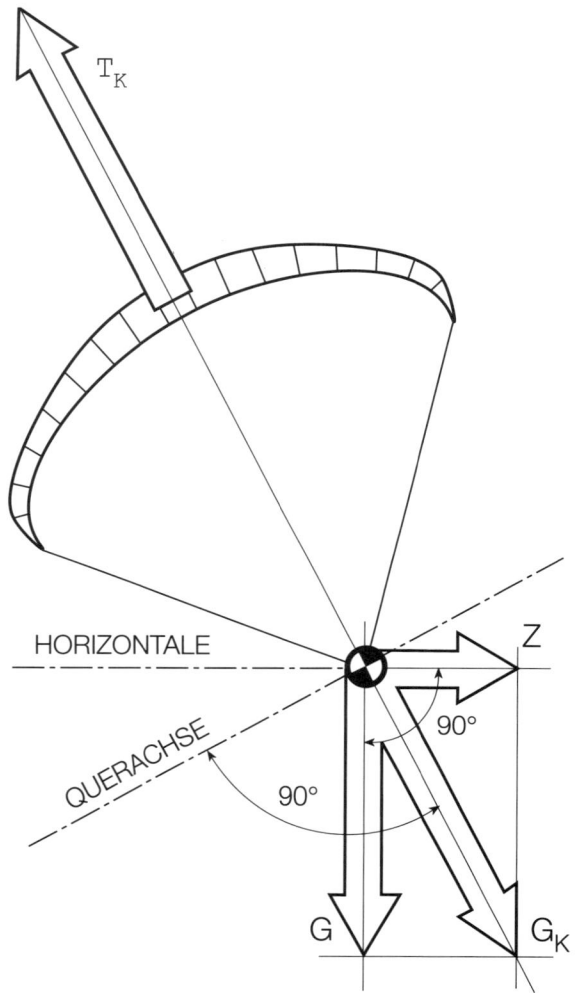

Steuerung der Kurve

Das Einleiten der Kurve erfolgt durch Herabziehen der kurveninneren Segelhinterkante. Das vergrößert dort Anstellwinkel und Widerstand und verringert die Geschwindigkeit. Die kurvenäußere Seite behält ihre Geschwindigkeit bei. Es entsteht ein Drehmoment, das den Gleitschirm in die Kurve dreht.

gen. Es entsteht ein Drehmoment in aerodynamisch günstiger Weise: Die leistungsmindernde Verformung des Segelprofils durch den Steuerleinenzug ist geringer.

Zum Ausleiten der Kurve wird die einseitige Vorwölbung beendet. Beide Flügelseiten erhalten wieder gleichen Anstellwinkel und Geschwindigkeit.

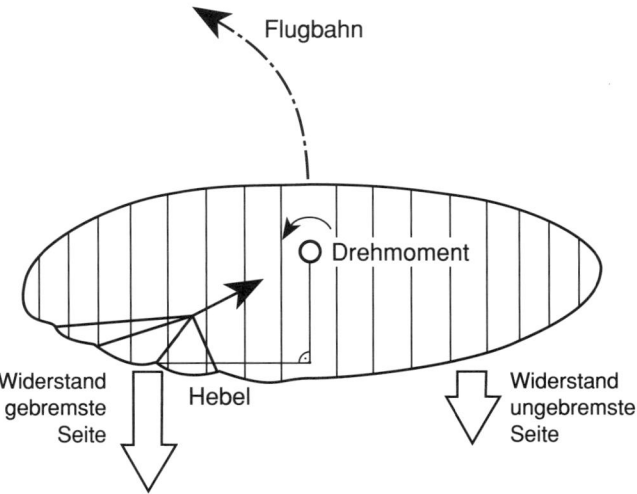

Foto: Michael Weingartner

Weil gleichzeitig der Auftrieb am gebremsten Flügel anwächst, kreist der Gleitschirm mit geringerer Querneigung als dem Idealbild des Kurvenflugs entspräche – er »schiebt«. *Vorteil* ist, daß das Kurvensinken gering bleibt und der Schirm langsamer kreist. *Aber* es besteht die Gefahr des einseitigen Strömungsabrisses bei unangepaßtem Bremsleinenzug.

Mit Gurtzeugen, deren Diagonalen nicht zu stark ausgesteift sind, kann auch durch seitliches Verlagern des Pilotengewichts im Sitzbrett die Kurvensteuerung unterstützt werden. Durch die Gewichtsverlagerung wird die kurveninnere Kappenhälfte etwas tiefergezo-

Die Polare

Die Geschwindigkeitspolare des Gleitsegels gibt für jeden Geschwindigkeitsbereich den zugehörigen Sinkwert an. Sie ist abhängig vom Gerätetyp und vom jeweiligen Pilotengewicht.

Der höchste Punkt der Polarenkurve bezeichnet den geringsten Sinkwert und die zugehörige Geschwindigkeit. Geringstes Sinken drückt den minimalen Höhenverlust in Metern pro Sekunde aus.

Höher liegt die Geschwindigkeit des besten Gleitens. Sie ermittelt sich anhand der Polare durch Anlegen einer Geraden (Tangente) an die Polarenkurve, ausgehend vom Nullpunkt. Der Berührungspunkt der Tangente mit der Polarenkurve zeigt, bei welcher Geschwindigkeit sich die beste Gleitzahl ergibt und welches Sinken bei dieser Geschwindigkeit besteht.

Gleitzahl bezeichnet das Verhältnis von zurückgelegter Strecke zum Höhenverlust, wobei der Höhenverlust mit der Zahl 1 konstant bleibt. Ein Gerät mit der Gleitzahl von beispielsweise 6 legt bei der Geschwin-digkeit des besten Gleitens bei einem Höhenverlust von 100 m eine Strecke von 600 m zurück. Die Gleitzahl entspricht dem Verhältnis von Auftrieb zu Widerstand. Im Beispiel ist der Auftrieb 6 mal größer als der Widerstand.

$$\text{Gleitzahl} = \frac{\text{Strecke}}{\text{Höhe}} = \frac{\text{Auftrieb}}{\text{Widerstand}}$$

Statt »Gleitzahl« spricht man auch vom »Gleitwinkel«. Eine Gleitzahl von 6 entspricht einem Gleitwinkel von 1:6 oder ca. 10 Grad.

Gegen- und Rückenwind, Auf- und Abwind sowie unterschiedliches Startgewicht lassen sich im Polardiagramm berücksichtigen.

Bei **Gegenwind** ist die unveränderte Polarenkurve im Diagramm um den entsprechenden Geschwindigkeitswert nach links zu verschieben. Die Gleitzahl über Grund wird schlechter. Die beste Gleitzahl erreicht man laut Diagramm jetzt bei erhöhter Geschwindigkeit.

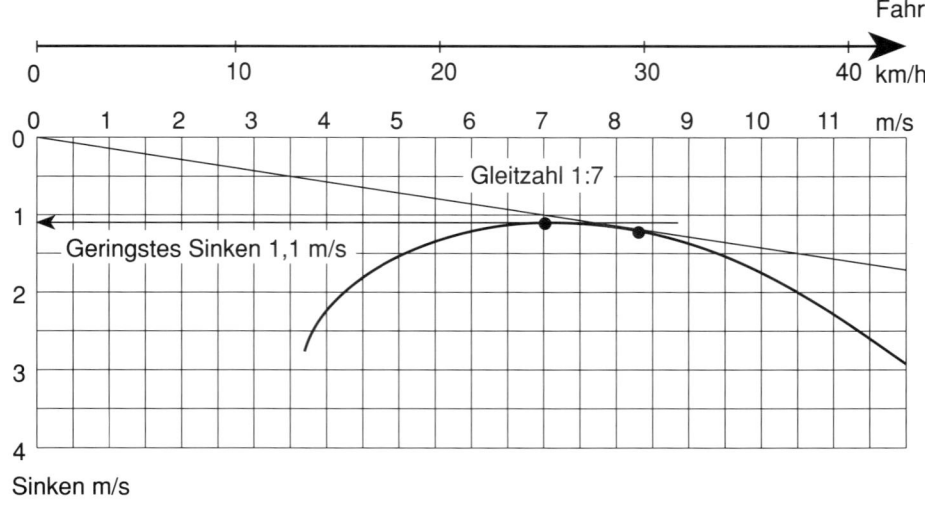

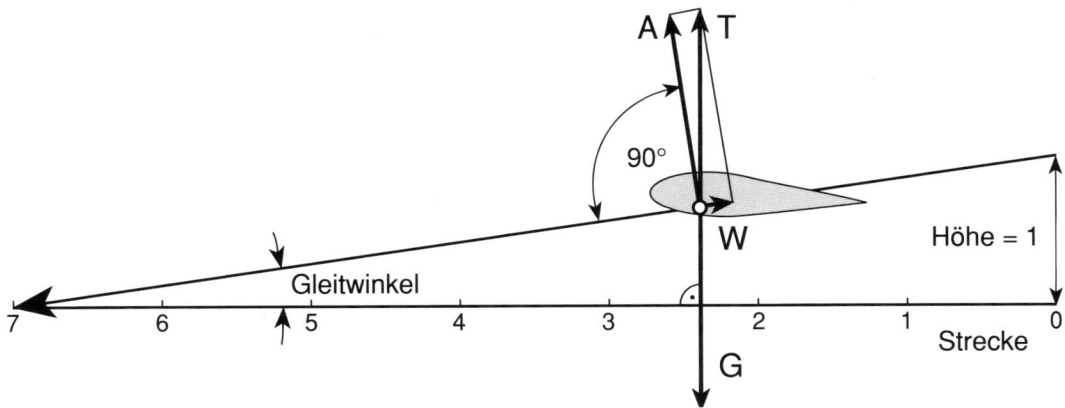

Bei **Rückenwind** verschiebt sich die Polare nach rechts: Die beste Gleitzahl verlangt reduzierte Geschwindigkeit.

Im **Abwind** wird die Gleitzahl schlechter, im **Aufwind** verbessert sie sich.

Beispiel: Bei Windstille fliegt ein Schirm mit maximaler Gleitzahl 6 aus 1000 m Höhe genau 6000 m weit. Seine beste Gleitgeschwindigkeit beträgt dabei 30 km/h.

Herrschen 15 km/h Gegenwind, kommt der Schirm über Grund nur halb so schnell vorwärts. Er fliegt des-

halb halb so weit (3000 m), der Gleitwinkel ist steil, liegt nur noch bei 1:3. Bei 30 km/h Gegenwind würde der Schirm mangels Vorwärtsgeschwindigkeit über Grund senkrecht sinken.

Umgekehrt würden 15 km/h Rückenwind die Gleitstrecke auf 9000 m (Gleitzahl 9) verbessern.

Ändert sich das **Startgewicht**, so verschiebt sich die unveränderte Polarenkurve im Diagramm entlang der Tangente des besten Gleitens: Die Gleitzahl bleibt konstant, lediglich alle Geschwindigkeiten erhöhen sich bei größerem Startgewicht oder verringern sich bei geringerem Startgewicht.

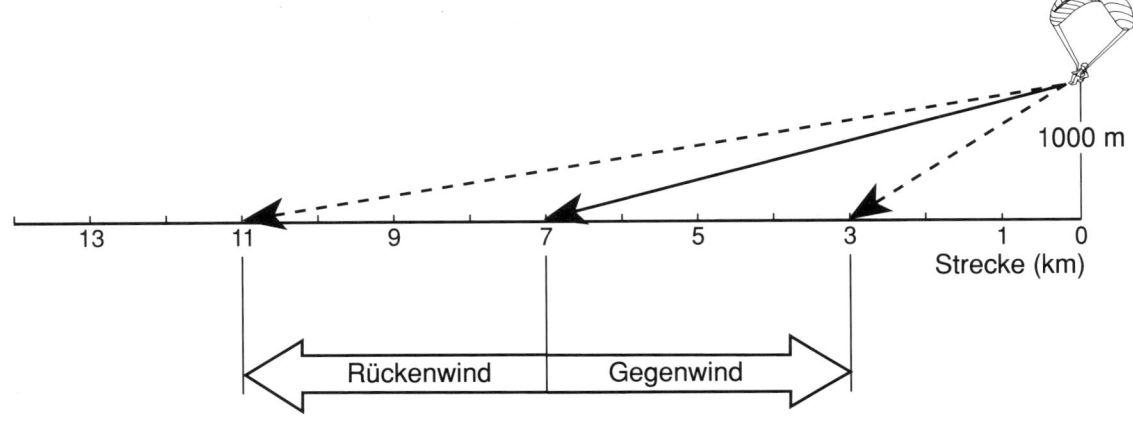

Flugpraxis

Der Begriff »Flugpraxis« ist hier weitgefaßt. Er reicht vom korrekten Vorflug-Check und vom Auslegen des Gleitsegels über Startübungen bis hin zu speziellen Flugfiguren. Dieses Kapitel kann nicht den Unterricht durch einen geprüften Gleitsegellehrer ersetzen.

Für die Schulung werden gutmütige Schirme verwandt. Das Anfängergurtzeug beengt nicht beim Anlauf und ermöglicht die Landung in aufrechter Haltung.

Stabile Schuhe mit hohem, knickfestem Schaft und fester Profilsohle, wie z. B. Fallschirmspringerstiefel, beugen Knöchelverletzungen vor.

Startvorbereitung

Viele Gleitschirmstartplätze sind so breit, daß der Pilot unter mehreren Startstrecken die Auswahl hat. Er sollte besonders beachten, daß

◆ die Startstrecke ausreichend lang ist;
◆ der Anlauf möglichst gegen den Wind gerichtet ist;
◆ die Bodenbeschaffenheit ein trittsicheres Anlaufen ermöglicht;
◆ ein Startabbruch möglich ist;
◆ keine Senken oder Mulden vorhanden sind, die zu einer Entlastung der Leinen führen;
◆ die Hangneigung größer ist als der Gleitwinkel;
◆ der Abflugweg einen sicheren Abstand von Hindernissen wie Bäumen, Felsen oder Leitungen hat.

Für die ersten Startversuche sollte der Hang nur gering geneigt sein und leichter Gegenwind herrschen.

Auslegen

1. Gurtzeug anlegen.
2. Das Gleitsegel am höchstmöglichen Punkt der Anlaufstrecke in Laufrichtung auslegen. Die Kappe liegt bogenförmig symmetrisch hinter dem Piloten. Dadurch füllt sich der Schirm beim Aufziehen von der Mitte her.
3. Tragegurte unverdreht strecken. Leinenschlösser, Bremsleinen und Bremsleinenknoten kontrollieren. Bei Trimmern auf symmetrische Starteinstellungen achten.
4. Leinenebenen voneinander trennen, beginnend von den Bremsleinen bis zu den A-Leinen.
5. Die Eintrittskante vollständig öffnen.
6. Gurtzeug in die Tragegurte einhängen. Es ist darauf zu achten, daß Karabiner und Tragegurte nicht verdreht sind. Dabei sollte man die Leinen nicht anziehen, weil sonst die Eintrittskante zuklappt und erneutes Auslegen notwendig wird.
7. Am Gurtzeug alle lösbaren Verbindungen einschließlich des Rettungsgerätes überprüfen.
8. Helm aufsetzen. Für die ersten Startversuche sollten Hüft- und Schultergurte möglichst knapp eingestellt sein, um aufrechtes Fliegen zu erleichtern.

Grundhaltung

Der Pilot steht aufrecht vor der Hinterkante der mittleren Segelbahn. Er legt die Tragegurte in die Armbeugen, anschließend werden die Bremsschlaufen wechselseitig von den Tragegurten gelöst und die Bremsleinen auf Freigängigkeit geprüft. Der Pilot ergreift die vorderen Tragegurte und streckt die Arme mit gespannten Gurten nach hinten unten, die hinteren Tragegurte liegen über den Armen.

Startcheck

Unmittelbar vor dem Start schließt der Pilot die Startvorbereitungen mit dem 5-Punkte-Startcheck ab.

Für Anfänger und Routiniers gilt gleichermaßen: Kein Start ohne Startcheck!

◆ Eintrittskante offen?
◆ Leinen, Tragegurte und Bremsleinen frei?
◆ Helm, Gurtzeug, Karabiner geschlossen?
◆ Wind richtig?
◆ Luftraum frei?

Der Start muß sich sofort an den Startcheck anschließen, ansonsten ist der Startcheck zu wiederholen.

Aufstellen des Gleitschirms

Aus der Grundhaltung läuft der Pilot in mäßiger Vorlage die ersten Schritte. Die Leinen strecken sich, die Schirmkappe füllt sich und steigt hoch. Die Arme sind dabei nur passive Verbindungsglieder zwischen Schultergelenken und Schirm, d. h. sie zeigen in Richtung der gestreckten vorderen Fangleinen und üben keinen aktiven Zug aus.

Unter konstantem Zug steigt der Schirm über den Piloten und führt die Arme mit nach oben. Wenn gewährleistet ist, daß der Schirm über den Piloten steigt, löst der Pilot seine Hände von den Vorderleinen und hält mit dosiertem Bremsleinenzug den Schirm senkrecht über sich. Der Pilot ist wieder vollständig aufgerichtet.

Häufige Fehler

◆ Pilot steht nicht in der Mitte oder läuft schräg zum ausgelegten Schirm los. *Folge:* Der Schirm erhält asymmetrischen Zug und kippt zur Seite weg.
◆ Pilot läuft hektisch los und beschleunigt zu rasch. *Folge:* Der Schirm schießt unkontrolliert hoch und ist störanfällig.
◆ Pilot versucht, die Arme zum Aufziehen als Hebel mit einzusetzen. *Folge:* Körperbewegungen übertragen sich auf den Schirm. Der Schirm steht unruhig und ist störanfällig.
◆ Pilot läßt die vorderen Tragegurte zu früh los. *Folge:* Schirm bleibt hinter dem Piloten.
◆ Pilot läßt die vorderen Tragegurte zu spät los. *Folge:* Schirm ist nicht steuerbar und einklappgefährdet.
◆ Pilot verkürzt durch Anziehen der Arme die vorderen Gurte. *Folge:* Der Schirm klappt ein.

Blickkontrolle

Ein versierter Pilot kann spüren, ob der Schirm gleichmäßig hochkommt und sauber steht.

Trotzdem muß auch er, sobald der Schirm über ihm steht, durch eine Blickkontrolle über die gesamte Kappe den flugfähigen Zustand abchecken.

Häufige Fehler

◆ Kontrollblick kommt zu früh. *Folge:* Aufziehbewegung wird gestört.
◆ Kontrollblick wird unterlassen. *Folge:* Störungen an der Kappe bleiben unbemerkt.
◆ Pilot verringert bei der Blickkontrolle seine Laufgeschwindigkeit. *Folge:* Schirm kann Staudruck, Auftrieb und Flugfähigkeit einbüßen oder er kann den Piloten überholen.

Grundhaltung

Aufstellen

Blickkontrolle

Korrekturen

Korrekturen sind notwendig, wenn Störungen auftreten wie z. B. Einklappen der vorderen Eintrittskante, seitliches Einklappen einzelner Zellen und Abweichung von der geplanten Startrichtung.

Korrekturen erfolgen nicht über die Gurte, sondern über die Steuerleinen. Sie sind frühestens wirksam, wenn der Schirm über dem Piloten steht.

◆ Einklappen der Eintrittskante oder seitliches Einklappen. *Korrektur:* Steuerleinen beidseitig anziehen. Erforderlichenfalls wiederholt »pumpen«.
◆ Seitliche Abdrift mit flugfähiger Kappe. *Korrektur:* Ziehen der zum Startweg rückführenden Steuerleine.
◆ Schrägstehen der Kappe. *Korrektur:* Die Kappe unterlaufen und gleichzeitig durch Steuerleinenzug die Richtung korrigieren.
◆ Seitliches Einklappen mit Abdrift. *Korrektur:* Zunächst nur Richtungskorrektur und anschließend öffnen durch »Pumpen«.

Nach erfolgter Korrektur ist eine erneute Blickkontrolle erforderlich.

Häufige Fehler

◆ Einseitiges Ziehen bzw. Pumpen. *Folge:* Verlassen der geplanten Startrichtung.
◆ Übertriebene Korrekturen. *Folge:* Kappe gerät außer Kontrolle.

Startabbruch

Waren die Korrekturen nicht erfolgreich, ist der Start sofort abzubrechen. Ein möglicher Startabbruch muß im jeweiligen Gelände schon vor dem allerersten Anlaufschritt einkalkuliert sein. Der Startabbruch muß deutlich vor dem Abhebepunkt erfolgen. Viele Startplätze lassen einen Abbruch nur nach links bzw. nach rechts zu.

Durch dosiertes Ziehen an einer Steuerleine steuert der Pilot den Schirm quer zur Hangneigung und läuft dann aus.

Häufige Fehler

◆ Entscheidung zum Startabbruch fällt zu spät. *Folge:* Pilot und Gerät befinden sich bereits kurz vor dem Abheben und haben eine hohe Geschwindigkeit. Abbruch findet unkontrolliert statt.
◆ Pilot reißt in steilem Gelände oder bei Gegenwind beide Steuerleinen voll durch. *Folge:* Kurzzeitiges Abheben mit Pendelbewegung und Crash.

Beschleunigen und Abheben

Jetzt fällt die eigentliche Entscheidung zum Start.

Erst nach dem letzten Kontrollblick, wenn alle Voraussetzungen für den weiteren Startlauf erfüllt sind, beschleunigt der Pilot mit Körpervorlage die Kappe bis zur Abhebegeschwindigkeit. Er beginnt mit ruhigen Schritten und steigert kontinuierlich die Schrittlänge. Die Bremsleinen werden dabei soweit gezogen, daß die Kappe den Piloten nicht überholt und die Startrichtung beibehält. Die Abhebegeschwindigkeit ist dann erreicht, wenn der Schirm den Piloten vom Boden hebt. Sie sollte zwischen der Geschwindigkeit für geringstes Sinken und bestem Gleiten liegen. Der letzte Anlaufschritt erfolgt in der Luft.

Der Abflug erfolgt aufrecht und laufbereit. In der Abflugphase dürfen die Steuerleinen nicht losgelassen werden. Zur Korrektur der Sitzposition können beide Steuerleinen mit einer Hand gefaßt werden, jedoch frühestens bei ausreichendem Bodenabstand.

Häufige Fehler

◆ Abknicken des Oberkörpers nach vorne während des Startlaufs. *Folge:* Eingeschränkte Sicht in Laufrichtung. Eingeschränkte Bewegungsfreiheit der Arme. Erhöhte Verletzungsgefahr.
◆ Pilot setzt sich bei zu geringer Geschwindigkeit ins Gurtzeug und streckt die Beine waagrecht nach vorne. *Folge:* Starkes Durchsacken mit Pendelbewegung und erheblicher Verletzungsgefahr.
◆ Die Bremsen werden zur Unterstützung des Abhebens stark angezogen und anschließend sofort losgelassen. *Folge:* Starkes Durchsacken mit Pendelbewegung und erheblicher Verletzungsgefahr.

Flüge geradeaus

Die Fluggeschwindigkeit regelt der Pilot durch beidseitiges Herabziehen der Steuerleinen. Die Hände werden beim Ziehen der Leinen am Körper entlanggeführt.

Ungebremster Flug

Bei lockeren Steuerleinen, Hände ganz oben, fliegt der Schirm mit »voller Fahrt«. Diese Maximalgeschwindigkeit beträgt je nach Flächenbelastung und Schirmtyp 30 bis 40 km/h. Sie kann bei manchen Geräten noch durch Einsatz eines Beschleunigungssystems gesteigert werden. Die Sinkgeschwindigkeit beträgt ca. 1,2 bis 1,8 m/s. Dieser ungebremste Gleitflug wird auch als »Trimmflug« bezeichnet.

Geschwindigkeit des besten Gleitens

Ab dem Punkt, an dem die Bremswirkung einsetzt, werden die Steuerleinen 5 bis 20 cm je nach Schirmtyp weiter angezogen. Bei Windstille erreicht der Schirm nun sein bestes Gleiten über Grund. Die Geschwindigkeit nimmt leicht ab, die Einklappgefahr ebenfalls. Die Gleitzahl beträgt ca. 5 bis 8.

Geschwindigkeit des geringsten Sinkens

Werden die Bremsen noch weiter herabgezogen, so nehmen Vorwärts- und Sinkgeschwindigkeit weiter ab. Die Bremsenstellung hängt stark vom Gerätetyp ab, sie liegt zwischen ca. 15 und 50 cm unterhalb Position bei einsetzender Bremswirkung.

Um später im Aufwind Höhe zu gewinnen, ist dies die günstigste Geschwindigkeit. Die Einklappgefahr ist deutlich gemindert. Das Gleitsegel fliegt noch mit ca. 20 bis 25 km/h Vorwärtsfahrt und sinkt mit 1 bis 1,5 m/s.

Minimalgeschwindigkeit

Der Schirm fliegt mit minimaler Fahrt (Mindestgeschwindigkeit), dicht am Sackflug. Das Windgeräusch ist kaum noch zu hören. Die Vorwärtsfahrt liegt zwischen 15 und 20 km/h, das Sinken steigt wieder an.

Die Bremsen sind nun etwa 50 bis 110 cm gezogen. Der nahe Strömungsabriß deutet sich meistens durch höheren Bremsdruck an. Diese Geschwindigkeit ist gefährlich gering. Jede Turbulenz könnte die Strömung abreißen lassen.

Strömungsabriß/Stall

Zieht der Pilot die Steuerleinen langsam noch weiter durch, reißt die Strömung am Obersegel ab. Der Schirm stoppt ab, die Kappe wird labil und sackt mit hoher Sinkgeschwindigkeit durch. Diesen Zustand nennt man Sackflug oder Stall.

Häufige Fehler

◆ Der Pilot achtet nicht bewußt auf die Stellung seiner Hände. *Folge:* Er kann seine Fluggeschwindigkeit nicht aktiv kontrollieren.
◆ Die Geschwindigkeit ist nicht situationsangepaßt, z. B. bei starkem Gegenwind Geschwindigkeit des besten Sinkens oder in der Thermik ungebremster Flug. *Folge:* Das Flugziel wird nicht erreicht bzw. es besteht erhöhte Einklappgefahr.
◆ Der Pilot wickelt die Steuerleinen um seine Hände. *Folge:* Die definierten Geschwindigkeiten können nicht mehr aus der Stellung der Hände abgeleitet werden.
◆ Zu geringe Geschwindigkeit. *Folge:* Gefahr des Stalls.

Foto: Klaus Tänzler

Landung

Durch vorsichtige Richtungskorrekturen wird das Segel exakt gegen den Wind ausgerichtet. Die Bremsleinenstellung entspricht etwa der des besten Sinkens. In spätestens 5 m Höhe richtet der Pilot sich im Gurtzeug voll auf und ist auf das Aufsetzen vorbereitet. Er kann in dieser Haltung auch bei plötzlich starkem Sinken das Aufsetzen mit den Beinen abfedern. In ca. 1 bis 2 m Resthöhe bremst der Pilot das Gleitsegel mit dosiertem Steuerleinenzug (vorne am Körper entlang) bis zum Stillstand ab. Im Idealfall fällt der Stillstand genau mit der ersten Bodenberührung zusammen.

Nach der Landung das Landefeld sofort räumen.

Häufige Fehler

◆ Anflug zu schnell. *Folge:* Einklappgefahr, Absturz.
◆ Geschwindigkeit zu langsam. *Folge:* Sackflug mit hartem Aufsetzen, Sturz auf den Rücken.
◆ Starke Richtungskorrekturen. *Folge:* Hartes Aufsetzen in Kurvenhaltung oder aus der Pendelbewegung.
◆ Kein Aufrichten im Gurtzeug. *Folge:* Bei allen Kappenstörungen hohes Verletzungsrisiko für die Wirbelsäule. Landefalltechnik kann aus der Sitzposition nicht angewandt werden.
◆ Abschließende Vollbremsung zu früh. *Folge:* Stall, Pendelbewegung, Absturz in unkontrollierter Körperlage.
◆ Abschließende Vollbremsung zu abrupt. *Folge:* Schirm kippt nach hinten, Pilot fällt auf den Rücken.
◆ Arme beim Abbremsen hinten. *Folge:* Landefalltechnik kann nicht angewendet werden.

Körper aufgerichtet

Beine laufbereit

Auslaufen

Kurvenflug

Die grundsätzliche Kurventechnik ist sehr einfach: Zum Einleiten der Kurve ist die Steuerleine der gewünschten Kurvenseite zu ziehen, zum Ausleiten wieder zurückzuführen. Es gibt aber zahlreiche Möglichkeiten, eine Kurve schneller oder langsamer, enger oder weiter, flacher oder steiler auszuführen.

Kurve aus voller Fahrt

Wird nur die eine Steuerleine gezogen, fliegt der Gleitschirm wegen der hohen Fahrt eine weite Kurve mit großem Radius und relativ starker Querneigung (Zentrifugalkraft). Er verliert deshalb relativ viel Höhe. Je tiefer die Leine gezogen wird, um so enger wird die Kurve, um so größer werden Querneigung und Höhenverlust.

Leicht angebremste Kurve

Fliegt man mit der Bremsenstellung für die Geschwindigkeit des besten Gleitens, so kann eine höhere Wendigkeit erreicht werden. Der Schirm reagiert schneller und die Kurve wird enger und etwas flacher. Der Höhenverlust ist nun geringer. Diese Stellung eignet sich gut z. B. für den Flug im Hangaufwind.

Stark angebremste Kurve

Zieht man bei Bremsenstellung für bestes Sinken eine Steuerleine noch tiefer, so reagiert der Schirm schnell mit einer flachen Drehung. Die Kurve wird sehr eng und der Höhenverlust ist gering. Diese Kurventechnik eignet sich am besten für den Flug in der Thermik.

Doch *Vorsicht:* Der Schirm ist bereits sehr langsam und damit sensibler gegen brüske Steuerbewegungen. Die Gefahr, daß die Strömung am kurveninneren Flügel abreißt, ist hoch. Deshalb sollte gleichzeitig die kurvenäußere Bremse etwas nachgelassen werden. Der Schirm kann sogar bei langsamer Fahrt nur mit der kurvenäußeren Bremse gesteuert werden.

Vermeidung von Trudeln

Generell führen alle Kurveneinleitungen, die zu rasch und ohne Gefühl für die Reaktion des Schirms erfolgen, zu einer Gefahr des Trudelns mit Strömungsabriß an der Kurveninnenfläche, plötzlicher Drehung um die Hochachse und sehr raschem Höhenverlust. Das Trudeln muß schon im Ansatz durch Nachlassen der Bremse verhindert werden!

Körpergewichtseinsatz

Die Kurveneinleitung läßt sich erleichtern und die Trudelgefahr vermindern durch Hineinlehnen in die gewünschte Kurvenrichtung. Dies hilft, die Rollbewegung einzuleiten. Das Gurtzeug mit Kreuzgurten verringert oder verhindert diese Unterstützung.

Häufige Fehler

◆ Die Bremse wird zu schnell weit durchgezogen. *Folge:* Die Strömung reißt ab.
◆ Der Pilot zieht zu zaghaft an den Leinen. *Folge:* Er erreicht nicht die gewünschte Kursänderung.

Landeeinteilung

Die Vorbereitung zur Landung beginnt bereits beim Anflug zum Landeplatz. Aus sicherer Höhe stellt der Pilot Windrichtung und Windstärke am Landeplatz fest. Ein Windsack, aber auch Fahnen, Rauchsäulen oder die eigene Bewegung über Grund, helfen ihm dabei.

Die Landevolte beginnt an der Position und setzt sich nacheinander zusammen aus Gegenanflug, Queranflug und Endanflug. Die Länge der Anflugschenkel richtet sich nach der räumlichen Ausdehnung des Landeplatzes und nach den Windverhältnissen. Wenn die Wind- oder Geländeverhältnisse keine andere Richtung vorgeben, ist die Drehrichtung links.

Aus Sicherheitsgründen und um eine bessere Korrekturmöglichkeit des Gleitwinkels zu haben, wird während der gesamten Landevolte das Gleitsegel angebremst. Eine Bremsenstellung zwischen der des besten Gleitens und des besten Sinkens empfiehlt sich.

Position

Die Position liegt – in Windrichtung gesehen – 70 bis 100 m querab zum Landepunkt.
An der Position baut der Pilot, falls erforderlich, überschüssige Höhe ab, checkt nochmal die Windverhältnisse und die Hindernisfreiheit und plant in groben Zügen die Anflugschenkel.
Der Höhenabbau erfolgt durch Vollkreise in gleicher Drehrichtung wie der weitere Landeanflug. Windbedingte Abdrift wird korrigiert.
Nach jedem Kreis schätzt der Pilot durch Peilen zum Landepunkt erneut seine Höhe ab und entscheidet, ob er einen weiteren Kreis fliegt oder den Gegenanflug beginnt. Zum Gegenanflug wird mit etwa 3-fachem Gleitwinkel in der Peilung zum Landepunkt abgeflogen. Die Höhe liegt dann bei ca. 40 bis 70 m.

Häufige Fehler

◆ Position zu nahe am Zielpunkt. *Folge:* Queranflug verkümmert zu einer 180-Grad-Kurve.
◆ Position zu weit ab. *Folge:* Bei überraschender Windänderung droht Außenlandung.

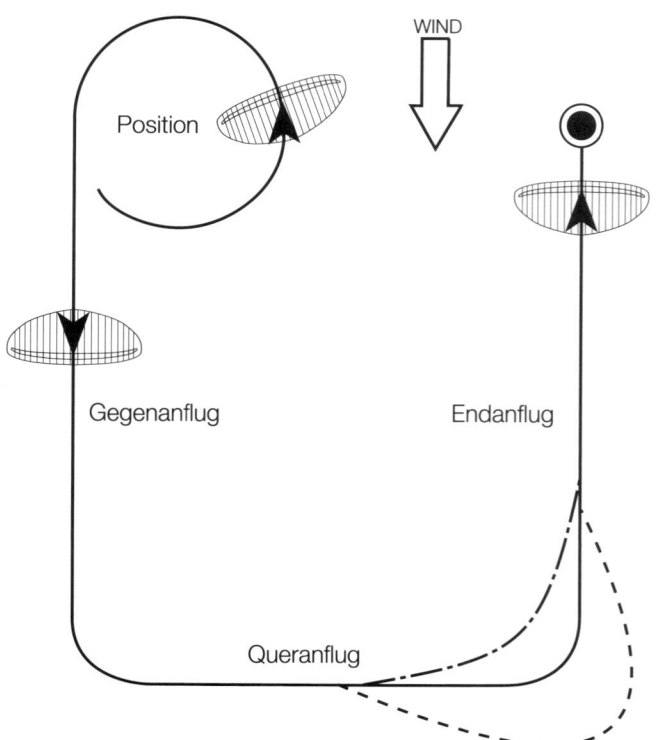

Gegenanflug

Die Richtung liegt parallel zum beabsichtigten Endanflug. In regelmäßigem Blickkontakt zum Landepunkt peilt der Pilot den Winkel. Hat der sich auf etwa 2-fachen Gleitwinkel verringert, so lenkt er seinen Schirm in den Queranflug.

Häufige Fehler

◆ Fehlender Sichtkontakt zum Landepunkt. *Folge:* Die Kalkulationsgrundlage für den folgenden Landevorgang fehlt.
◆ 180-Grad-Kurve zum Endanflug. *Folge:* Weitere Höhenkorrekturen fallen in den Endanflug.

Queranflug

Im Queranflug erfolgt die letzte Höhenkorrektur vor dem Aufsetzen. Entspricht der Peilwinkel dem Gleitwinkel zum Landepunkt, dreht der Pilot in den Endanflug. Auch hier: Erhöhtes Kurvensinken und Windeinfluß berücksichtigen.
Bei großer Höhe kann der Pilot den Queranflug verlängern oder er läßt sich vom Wind versetzen, bevor er in den Endanflug biegt; zu geringe Höhe korrigiert er durch Verkürzen.
Der Queranflug liegt ideal zum Anpeilen des Zielpunktes und zur Gleitwinkelkalkulation.

Häufige Fehler

◆ Zu frühes Eindrehen zum Endanflug. *Folge:* Flug über den Landepunkt hinaus oder gefährliche Höhenkorrekturen im Endanflug.
◆ Zu spätes Eindrehen. *Folge:* Landeplatz kann verfehlt werden.
◆ Steilkurve zum Endanflug. *Folge:* Pendelbewegung, Einklappgefahr, Höhenverlust, Unruhe im Endanflug, hartes Aufsetzen.

Endanflug

Der dosierte Einsatz der Bremsen ermöglicht eine letzte Gleitwinkelkorrektur. Besonders bei Gegenwind hilft Nachgeben der Bremsen, den Gleitpfad zu strecken, während etwas stärkeres Anbremsen den Endanflug verkürzt.

Der Endanflug muß das Aufsetzen optimal vorbereiten. Er erfolgt geradlinig zum Landepunkt. Der Pilot muß sich spätestens in 5 m Höhe vollständig aufrichten zur Landung.

Häufige Fehler

◆ Der Pilot baut überschüssige Höhe im Endanflug durch S-Kurven ab. *Folge:* Gefährliche Pendelbewegungen in Bodennähe, schlecht vorbereitetes Aufsetzen.
◆ Die überschüssige Höhe wird durch gefährlich starkes Bremsen abgebaut. *Folge:* Stallgefahr, der Pilot fällt beim Strömungsabriß in Bodennähe hart auf den Rücken.

Starten bei Wind

Beim starkem Wind wird bereits das Aufziehen des Gleitschirms erschwert. Jede Asymmetrie ist viel deutlicher zu spüren, der Schirm kommt schief hoch.

Wird mit gleichem Impuls aufgezogen wie ohne Wind, so kann die Kappe über den Piloten hinausschießen; er muß sie deshalb abbremsen. Um nicht nach hinten umgeworfen zu werden, muß der Pilot die Körpervorlage verstärken und dem Schirm während des Aufziehens eventuell ein paar Schritte entgegengehen – analog zum seitlichen Unterlaufen.

Eine bessere Kontrolle und Korrekturmöglichkeit beim Aufziehen im Wind bietet jedoch das Rückwärtsaufziehen.

Rückwärtsaufziehtechnik

Generell gilt: Während der gesamten Startphase dürfen die Bremsen nicht völlig losgelassen werden. Der Startentscheid fällt erst nach dem Zurückdrehen und erneutem Kontrollblick!

Der Wind hilft dem Piloten, alle Phasen des Starts in Ruhe ausführen zu können. Insbesondere die Kontrollphasen können bestens ausgedehnt werden: Der Schirm verbleibt im Stand über dem Piloten.

Technik mit Armen parallel

Der Pilot dreht sich zur Kappe um und zwar entgegen der Richtung, die er intuitiv wählen würde. Die Tragegurte sind nun gekreuzt, der obenliegende führt zu der Seite am Gurtzeug, zu der man sich zurückdrehen muß.

Der Pilot greift die Bremsschlaufen und vorderen Tragegurte der jeweils vor ihm liegenden Seiten von unten-außen, so daß rechts und links in den Händen vertauscht sind. In dieser Haltung wird das Segel aufgestellt. Eine Korrektur fällt leicht.

Der Schirm wird über dem Kopf stabilisiert und beide Steuerschlaufen werden in die der Drehrichtung entgegengesetzte Hand genommen, z. B. beim Zurückdrehen nach rechts beide Leinen in die linke Hand. Nach dem Zurückdrehen übernimmt jede Hand ihre richtige Bremse wieder. Es schließen sich nun der Kontrollblick und der weitere Startablauf an.

Technik mit überkreuzten Armen

Dreht der Pilot sich aus der normalen Grundhaltung ohne Loslassen der Bremsen und Gurte um, so kann er den Schirm aufziehen, ohne beim anschließenden Zurückdrehen umgreifen zu müssen.

Die Kontrolle nach dem Umdrehen kann also sofort erfolgen. Dagegen ist die Korrektur im gesamten Aufziehvorgang stark erschwert und gewöhnungsbedürftig: Alle Steuerkommandos müssen gegensinnig erfolgen.

Start bei Seiten- oder Rückenwind

Bei Seitenwind sollte grundsätzlich nur gestartet werden, wenn das Gelände breit ist und nur geringe Neigung hat. Der Schirm wird gegen den Wind aufgezogen. Der Pilot beschreibt dann mit zunehmender Anlaufgeschwindigkeit einen Bogen, der in die Abheberichtung führt.

Bei *Rückenwind* ist jeder Startversuch gefährlich.

Arme parallel

Überkreuzte Arme   Fotos: Ingrid Böck

Fliegen bei Wind

Seitenwind

Während des Fluges wird das Gleitsegel vom Seitenwind in die vom Wind entgegengesetzte Richtung versetzt; diesen Vorgang nennt man Abdrift. Um sie auszugleichen, stellt der Pilot die Längsachse seines Gleitsegels so, als er einen gegenüber dem tatsächlichen Zielpunkt in Windrichtung versetzten Zielpunkt ansteuern würde (Vorhalten). Der Winkel zwischen Hilfszielpunkt, Gleitsegelposition und Zielpunkt heißt Vorhaltewinkel. Er resultiert aus Eigengeschwindigkeit, Windgeschwindigkeit und Windrichtung.

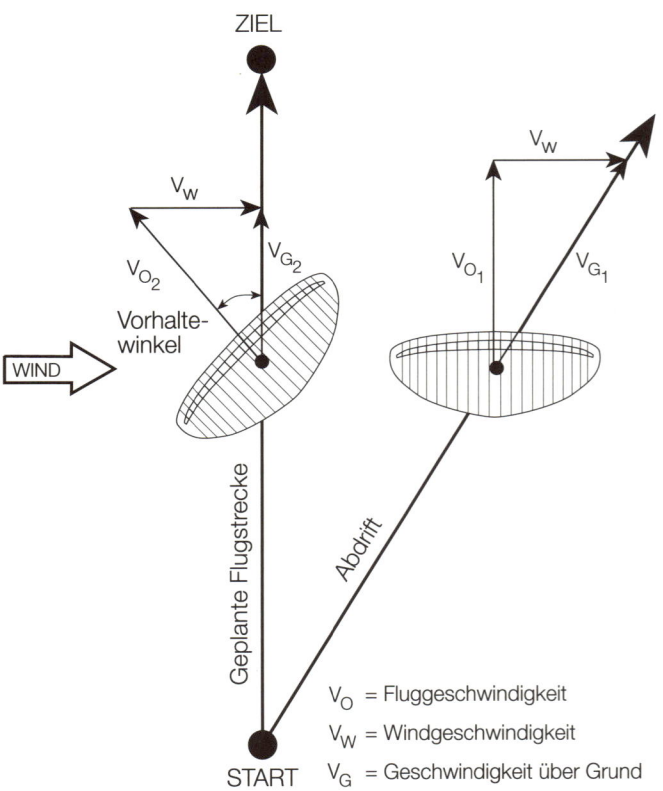

ZIEL

V_W

V_{O_2}

V_{G_2}

Vorhaltewinkel

WIND

V_{O_1}

V_{G_1}

V_W

Geplante Flugstrecke

Abdrift

START

V_O = Fluggeschwindigkeit

V_W = Windgeschwindigkeit

V_G = Geschwindigkeit über Grund

Da der Schirm eine größere Strecke gegenüber der Luft zurücklegen muß, verschlechtert sich der Gleitwinkel in Richtung Ziel.

Gegenwind

Beim Fliegen gegen den Wind verringert sich die Geschwindigkeit über Grund, der Gleitwinkel verschlechtert sich, die Flugbahn wird steiler. Um die Einbuße möglichst gering zu halten, beschleunigt der Pilot sein Fluggerät. Dabei muß einkalkuliert werden, daß Wind oft mit Turbulenzen einhergeht und jeder Schnellflug die Einklappgefahr erhöht.

Die Verkürzung der Flugstrecke ist in die Flugplanung und Landeeinteilung einzubeziehen.

Rückenwind

Rückenwind erhöht die Geschwindigkeit über Grund. Beispiel: 30 km/h Eigengeschwindigkeit plus 20 km/h Rückenwind ergeben 50 km/h Geschwindigkeit über Grund.

Der Gleitwinkel verbessert sich beträchtlich.

Starkwindlandung siehe Kapitel Gefahreneinweisung.

Foto: Tilman v. Mengershausen

Fliegen im Hangaufwind

Voraussetzungen sind die genauen Kenntnisse der Ausweichregeln und der Hangflugregeln und das umfassende Beherrschen des Gleitsegels.

Das wichtigste Flugmanöver am Hang ist die Kehre (Kurve mit 180 Grad), die je nach Aufwindsituation weiter oder enger, jedenfalls ohne überflüssigen Höhenverlust, durchgeführt wird.

Folgender Ablauf:

1. Vor dem Einleiten vergewissert sich der Pilot, daß der Luftraum hinter ihm frei ist.
2. Die Kurve führt stets vom Hang weg.
3. Während der Kurve die Eigengeschwindigkeit konstant halten, nicht von der Geschwindigkeit über Grund täuschen lassen!
4. Beim Ausleiten allmählich an den Hang zurückdriften, dabei die Vorderkante des Gleitsegels nie gegen den Hang richten.

Nie zum Hang kurven.

Allgemein ist zu beachten:

◆ Die Kurve am Hang erfolgt normalerweise dort, wo starker Aufwind herrscht.
◆ Der Hangabstand muß so groß sein, daß auch bei überraschenden Turbulenzen (seitliches Versetzen und Höhenverlust) und bei Einklappen des Segels (tiefes Durchsacken) nicht die Gefahr der Hindernisberührung und des Aufschlags am Boden entsteht.
◆ In unmittelbarer Hangnähe ist stets mit Bodenturbulenzen zu rechnen.
◆ Die Abbremsung der Windgeschwindigkeit durch Bodenreibung läßt das Fluggerät in Hangnähe zum Hang kurven.

◆ Bei Übersteigen der Hanghöhe vor der Hangkante fliegen und nicht ins Lee treiben lassen (Düsenwirkung über der Hangkante).
◆ Die Geschwindigkeit kontrollieren, nicht unbewußt zu langsam werden (Stall-Gefahr).
◆ Sind mehrere Piloten im gleichen Aufwindbereich, hat jeder jeden im Blick zu behalten.

Vorsicht – Rücksicht – Im Zweifel weg vom Hang.

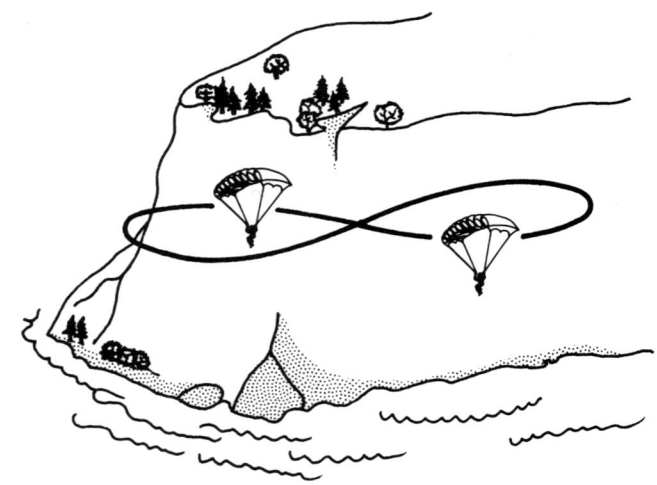

Foto: Charlie Jöst

Foto: Tilman v. Mengershausen

Fliegen in der Thermik

Das Thermikfliegen stellt dieselben Voraussetzungen an den Piloten wie das Fliegen am Hang. Allerdings sollte der Pilot über ein noch größeres Maß an Flugerfahrung verfügen.

Um die Thermik herum und in der Thermik herrscht Turbulenz. Der Pilot muß daher seinen Schirm durch »Aktives Fliegen« stabilisieren können:

◆ Böen von unten, z. B. beim Einfliegen in die Thermik, vergrößern den Anstellwinkel stark. Besonders bei Langsamflug entsteht Stallgefahr. Der Pilot erkennt diese Flugsituation an einem Aufbäumen/Zurückbleiben der Schirmkappe. *Aktive Pilotenreaktion:* Bremsen nachlassen.

◆ Böen von oben, z. B. beim Herausfallen aus der Thermik, verringern sehr rasch den Anstellwinkel. Die Schirmkappe reagiert darauf mit zusätzlichem Vorschießen. Es besteht hohe Einklappgefahr. *Aktive Pilotenreaktion:* Bereits im Ansatz des Vorschießens durch deutlichen Bremszug den Schirm am Einklappen hindern.

Die **Zentriertechnik** ermöglicht das Auffinden und Verbleiben im Steigen. Aneinandergehängte Kreise in gleichbleibender Drehrichtung sind dem thermischen Aufwind am besten angepaßt.

Allgemein ist zu beachten:

◆ Das Auf und Ab im Thermikgebiet verändert die Abstände. Vorsicht, Kollisionsgefahr!
◆ Beim Aufstieg in der Thermik Abstand zur Wolkenbasis wahren; notfalls auf kürzestem Weg die Thermik verlassen.

Vorsicht – Umsicht – Im Zweifel raus aus der Thermik. Nie in die Wolken ziehen lassen.

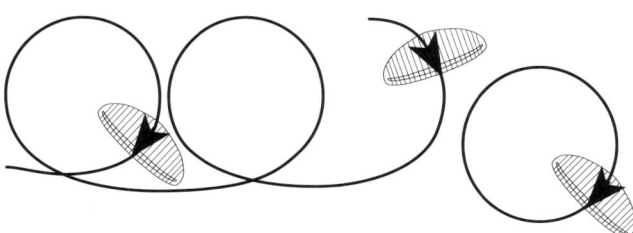

Eine Faustregel hilft dabei, den Kern des besten Steigens zu finden:

◆ Das Steigen nimmt zu – weiterer Kurvenradius
◆ Das Steigen nimmt ab – engerer Kurvenradius
◆ Das Steigen bleibt gleich – gleichbleibender Kurvenradius

kein Steigen
geringes Steigen
mittleres Steigen
maximales Steigen

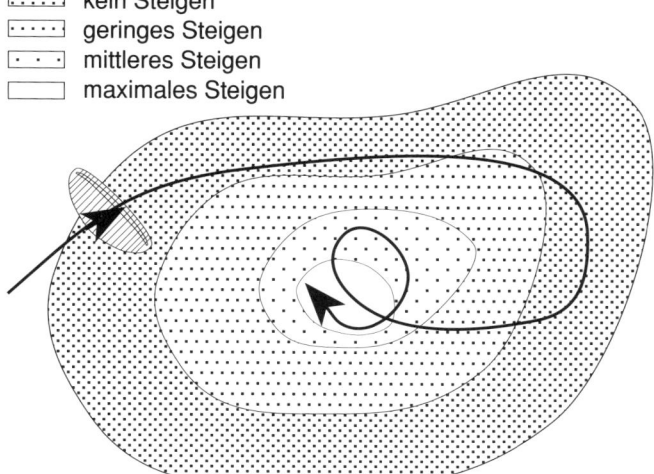

Gefahreneinweisung

Der Gleitschirm hat wegen des Fehlens einer steifen Struktur einige Eigenheiten, die ihn von anderen Luftfahrzeugen unterscheiden.

Im normalen Flugzustand – und viele Piloten kennen trotz jahrelanger Flugerfahrung nur diesen normalen Flugzustand – treten keine Probleme auf. Nur bei Flugfehlern oder bei extremen Windverhältnissen, die der Pilot nicht rechtzeitig erkennt, kann das Gerät in einen ungewöhnlichen Flugzustand geraten, der den Piloten überrascht und von ihm ungewohnte Korrekturen verlangt.

Meist geht die Hauptgefahr nicht von der Flugsituation selbst aus, sondern vom panikartigen Fehlverhalten des Betroffenen, der sich hilflos unbekannten Kräften ausgeliefert fühlt. Diese Kräfte sichtbar zu machen, Zusammenhänge und Ursachen aufzuzeigen, Korrekturen vorzuschlagen, den Piloten auf die ihm fremden Situationen vorzubereiten, ist Aufgabe dieses Kapitels.

Foto: Fritz Kurz

Strömungsabriß/Stall

Beginnender Strömungsabriß

Die Eigengeschwindigkeit des Gleitsegels liegt bei der Mindestgeschwindigkeit. Der Pilot erkennt den beginnenden Strömungsabriß daran, daß

◆ die Windgeräusche nachlassen;
◆ das Gleitsegel mehr Höhe verliert als im Gleitflug;
◆ eventuell die Bremskräfte ansteigen.

Die möglichen Ursachen sind weitgestreut. Neben Flugfehlern kommen wechselnde Windverhältnisse und Mängel des Gleitsegels in Betracht, insbesondere:

◆ Die Steuerleinen sind zu tief gezogen, z. B. weil der Pilot irrtümlich glaubt, dadurch länger in der Luft bleiben und Höhe halten zu können.
◆ Plötzliche Böe von hinten oder schlagartiges Nachlassen von Gegenwind vermindern die Eigengeschwindigkeit, besonders beim Start.
◆ Einfliegen in ein Aufwindgebiet vergrößert den Anstellwinkel.
◆ Das Gleitsegel ist zu langsam getrimmt.
◆ Das Material ist extrem gealtert.

Der Pilot muß sich darauf einstellen, daß das Gleitsegel

◆ bei weiterer Verlangsamung in den Sackflug gerät;
◆ nach hinten wegkippt;
◆ durch den Höhenverlust die Flug- und Landeplanung nicht einhalten kann.

Zur Korrektur beschleunigt der Pilot das Gleitsegel.

Sackflug

Reißt die Strömung ab, so gerät das Gerät zunächst in den Sackflug: Die Kappe ist gefüllt und sieht bei genauer Betrachtung etwas weich aus. Es besteht nur noch Strömung von unten, manchmal rutscht der Schirm sogar rückwärts ab. Die Sinkgeschwindigkeit liegt bei 3 bis 6 m/s.

Beendet wird der Sackflug durch Freigeben der Bremsen. Die Bremsen sollten nicht zu schnell nachgelassen werden, sonst könnte die Kappe zu stark vorschießen.

Dauersackflug

Einige Schirmtypen bleiben in einem stabilen Sackflug (Dauersackflug). Sie kehren auch nach Lockern der Bremsleinen nicht in den Gleitflug zurück. Begünstigt wird diese Eigenschaft durch ein zu geringes oder zu hohes Startgewicht sowie durch Alterung des Schirmes (z. B. veränderte Leinenlängen, durchlässige Tuchbeschichtung).

Der Pilot muß den stabilen Dauersackflug aktiv ausleiten:

◆ Es empfiehlt sich, die A-Tragegurte durch Vordrücken oder Herabziehen zu verkürzen. Dieses Manöver kann auch noch in relativ geringer Höhe ausgeführt werden.

◆ Ist der Pilot bereits zu tief, so richtet er sich im Gurtzeug auf und macht sich für den Landefall bereit.

Bei Schirmen, die diese Standardausleitung konstruktiv nicht zulassen (z. B. durch gemeinsamen A-B-Leinengurt) ist die Betriebsanleitung zu beachten.

Vollständiger Strömungsabriß/Fullstall

Wenn der Anstellwinkel durch weiteres Bremsen oder äußere Einflüsse noch stärker und abrupter ansteigt, entleert sich der Schirm und kippt hinter den Piloten zurück.

Gäbe jetzt der Pilot die Bremsen sofort wieder frei, so würde der Schirm bis weit vor den Piloten schießen und kann stark einklappen. *Richtige Reaktion:* Bremsen gezogen halten, bis die Kappe wieder über dem Piloten steht; dann die Bremsen zügig freigeben.

Häufige Fehler

◆ Der Pilot gibt, wenn die Kappe nach hinten gekippt ist, aus Schreck die Bremsen sofort frei. *Folge:* Die Kappe schießt bis weit vor den Piloten und kann stark einklappen. Der Pilot kann ins Segel stürzen.

◆ Der Pilot wartet mit gezogenen Bremsen richtig ab, bis die Kappe wieder über ihn kommt, gibt dann aber die Bremse schlagartig frei. *Folge:* Die Kappe schießt vor und kann einklappen.

◆ Der Pilot gibt die Bremsen zu zaghaft frei. Mögliche *Folge:* Sackflug oder Trudeln.

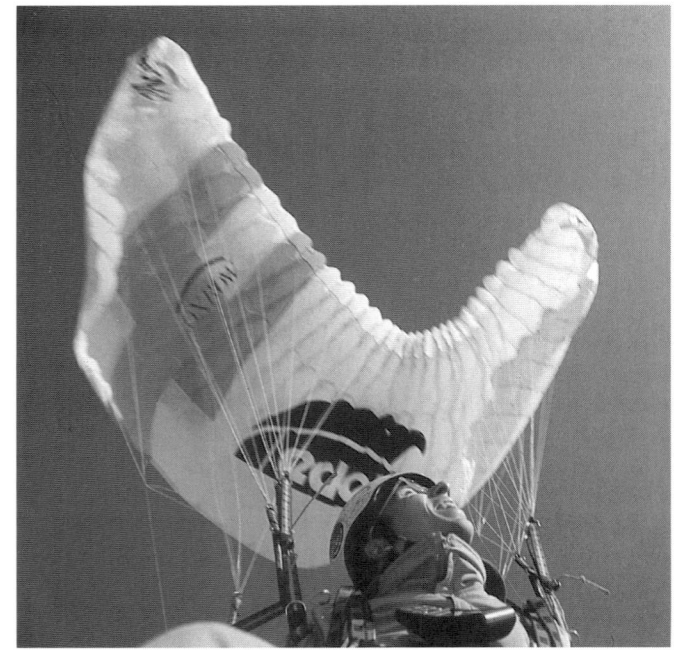

Dynamischer Fullstall

Bei jedem Flug wird der dynamische Fullstall einmal eingesetzt: Bei der Landung. Im Flug aber ist er gefährlich.

Durch abruptes Herunterreißen der Bremsen verstärken sich die Pendeleffekte im Vergleich zum Fullstall.

Würden die Bremsen bereits beim Zurückpendeln des Piloten freigegeben, so könnte die Kappe bis unter den Piloten vorschießen, Lebensgefahr! Deshalb *wichtig:* Die Stabilisierung der Kappe über dem Piloten abwarten und erst dann die Bremsen freigeben!

Trudeln

Wird der Schirm einseitig bis zum Stall gebremst, so spielen sich alle Reaktionen an der gestellten Flügelhälfte ab: Sie kippt zurück, während die andere Flächenhälfte weiterfliegt – der Schirm gerät in eine plötzliche, stark beschleunigte Drehung um seine Hochachse, fast ohne Querneigung. Er entleert sich dabei teilweise.

◆ Die Drehung wird durch langsames, vollständiges Freigeben beider Bremsen beendet. Vorsicht: Ein zu schnelles Loslassen führt zum Vorschießen dieser Flügelhälfte.

◆ Verbleibt der Schirm in der Trudelbewegung, so sind höchstwahrscheinlich die Bremsen nicht völlig freigegeben worden.

◆ Sollte die Trudelbewegung dennoch andauern, so ist sie über einen Fullstall auszuleiten.

◆ Fehlt für den Fullstall die notwendige Höhe, sofort das Rettungsgerät auslösen!

Alle Stall-Manöver sind unberechenbar und sehr gefährlich.

Einklappen

Weil die Klappe des Gleitschirms weich ist und die Leinen nur Zugkräfte übertragen können, kann es vorkommen, daß das Gleitsegel einklappt. Hat der Pilot ein Gerät, das seinem Können angepaßt ist und hält er die grundsätzlichen Sicherheitsvorkehrungen ein, so ist das Einklappen beherrschbar und kein Grund zur Panik.

Da der Schirm beim Einklappen des Segels Höhe verliert und vorübergehend kaum steuerbar ist, ist bei turbulenten Verhältnissen vergrößerter Abstand zu Felswänden und anderen Hindernissen zu halten. Die Tendenz eines Schirms zum Zusammenklappen ist abhängig von seiner Bauart (Hochleistungsschirme) und von der Heftigkeit der Turbulenzen.

Seitliches Einklappen

Am häufigsten klappt das Segel seitlich ein. Bei gering eingeklappter Fläche wird die Flugbahn des Gleitschirms kaum beeinflußt, meist klappt das Segel von alleine wieder aus. Sind größere Teile der Kappe eingeklappt, kann der Schirm abkippen und in einen schnellen Spiralsturz geraten. Auch ohne Abkippen wird die Sinkgeschwindigkeit rasch ansteigen.

◆ Erste Reaktion muß in jedem Falle Gegensteuern sein, um das Abkippen zu verhindern bzw. die Drehung zu stoppen.

◆ Wenn sich das Segel nicht von alleine öffnet, so muß die eingeklappte Seite »freigepumpt« werden. Auf der eingeklappten Seite die Bremse wiederholt und ohne Hektik bis über die Stallgrenze herabziehen und fast freigeben.

Häufige Fehler

◆ Keine Reaktion, z. B. wegen Panik. *Folge:* Wenn der Schirm nicht selbständig öffnet, Absturz.

◆ Überreaktion, zu starkes Gegensteuern. *Folge:* Wenn der Schirm bereits von alleine öffnet, starkes Aufschaukeln. Sonst Fullstall oder Trudeln in die Gegenrichtung.

◆ Kein Gegensteuern, sondern nur »Pumpen« auf der eingeklappten Seite. *Folge:* Drehung wird noch verstärkt. Die Anströmung in der Kurve hält den Schirm zu und erschwert die Wiederöffnung des eingeklappten Flügelteils.

◆ Zu schnelles »Pumpen«. *Folge:* Segel öffnet nur verzögert.

Foto: Christoph Kirsch

Seitliches Verhängen

In seltenen Fällen, besonders aber nach Trudelausleitung, kann die Flügelspitze sich in den äußeren Leinen verhängen. Die dabei entstehende Bremswirkung führt zu starkem Wegdrehen, selbst wenn nur wenige Zellen betroffen sind.

◆ Zur Abhilfe sofortiges Gegensteuern.

◆ Die Öffnung mit der Bremse kann so stark erschwert sein, daß der Außenflügel mit den äußeren vorderen Leinen aktiv eingeklappt werden muß, um die beteiligten Leinen zu entlasten.

◆ Steht genügend Höhe zur Verfügung, kann in extremen Fällen auch ein Fullstall die Verhängung lösen.

◆ Steht nicht mehr genügend Höhe zur Verfügung und gelingt die Ausleitung nicht, sofort das Rettungsgerät auslösen!

Foto: Günter Kozeny

Frontales Einklappen

Starke Turbulenzen können die Segel-Eintrittskante ganz oder teilweise nach unten umklappen oder eindrücken, mit der Folge, daß sich ein Teil der Zellen entleert. Der Schirm kann durchsacken, kurven oder in Rotation geraten. Das gleiche kann geschehen, wenn der Pilot ungebremst aus einer starken Thermik herausfliegt.

Der Schirm öffnet sich aber in aller Regel rasch wieder selbständig, was durch dosierten beidseitigen Bremsleinenzug noch unterstützt werden kann.

Foto: Christoph Kirsch

Extremes Steigen

Bei manchen Wettersituationen können die Bereiche steigender Luft solche Ausmaße erreichen, daß der Gleitschirmflieger ihnen horizontal nicht mehr entkommen kann, ohne in die Wolken zu geraten. Durch Einsatz von Notabstiegsmanövern ist es möglich, auch in starkem Aufwind Höhe zu vernichten.

B-Leinen-Stall

Diese Notabstiegsmethode ist wesentlich bequemer, kann auch in turbulenter Luft leichter eingeleitet werden und erfreut sich daher großer Beliebtheit. Mit einer Sinkgeschwindigkeit von 7 bis 10 m/s ist die Effektivität aber wesentlich geringer als bei der Steilspirale und reicht in der extremen Situation unter einer Gewitterwolke eventuell nicht mehr aus.

Mit den Bremsen in der Hand werden die B-Leinengurte, am besten in Höhe der Leinenschlösser ergriffen und herabgezogen. Die ersten 10 bis 15 cm müssen gegen starken Druck erzwungen werden. Dann reißt die Strömung ab und die Kappe nickt leicht nach hinten. Während weiterer 10 bis 15 cm Zugweg steigt die Sinkgeschwindigkeit schnell an und die Schirmkappe schiebt sich in Pfeilrichtung zusammen.

Die Ausleitung erfolgt in spätestens 250 m über Grund. Zur Ausleitung müssen die Leinen wieder zügig freigegeben werden. Die Kappe nickt nach vorne und nimmt wieder Fahrt auf.

Foto: Günter Kozeny

Häufige Fehler

◆ Die B-Leinen werden zu weit gezogen. *Folge:* Die Sinkgeschwindigkeit erhöht sich nicht, aber die Kappe wird instabil und verbiegt sich.

◆ Zu langsames Ausleiten. Mögliche *Folge:* Dauersackflug oder Trudeln besonders bei asymmetrischer Ausleitung.

Foto: Christoph Kirsch

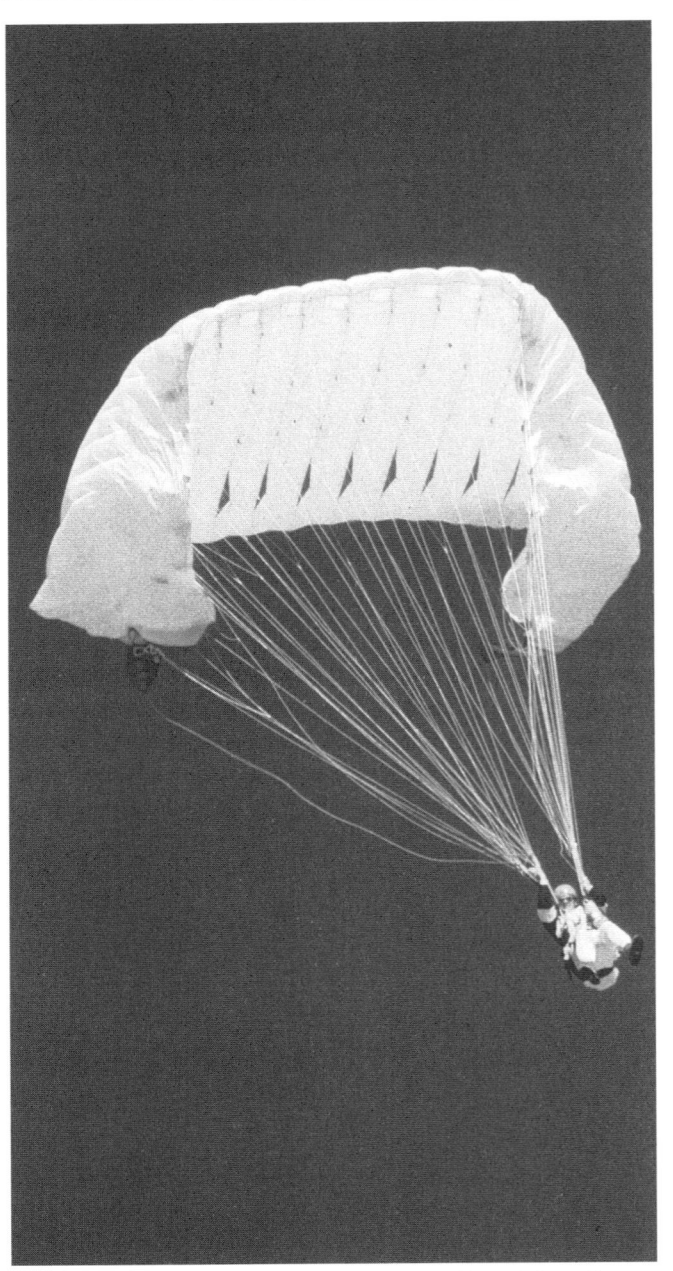

Foto: Günter Kozeny

Steilspirale

Wird eine Kurve aus voller Fahrt dosiert, aber konsequent, immer enger geflogen, so gelangt der Schirm schließlich in eine Steilspirale mit starker Querneigung (45 bis 60 Grad) und extremer Sinkgeschwindigkeit (10 bis 20 m/s).

Da gleichzeitig die Zentrifugalkraft und die Winkelgeschwindigkeit stark anwachsen, ist die physische Belastung des Piloten relativ hoch und die Orientierung kann verlorengehen.

Das sichere Anwenden der Steilspirale erfordert Übung. Wichtig:

◆ In der Drehung nur auf das Zentrum am Boden schauen und ganz bewußt die Höhe abschätzen.

◆ Mit sicherem Bodenabstand von mindestens 200 m die Spirale durch dosiertes Freigeben der Bremse beenden.

Das »Ohreneinklappen« durch Einziehen der äußersten A-Leinen ist eine weniger wirksame Abstiegshilfe, hat aber den Vorteil, daß Vorwärtsfahrt verbleibt.

Foto: Christoph Kirsch

Kollision

Bei Beachtung der Ausweichregeln und aktiver Aufmerksamkeit der Piloten können Gleitschirme durch ihre geringe Geschwindigkeit in großer Zahl und Dichte zusammen fliegen. Rücksichtsloses oder unaufmerksames Verhalten kann aber schon bei geringer Frequentierung eines Fluggeländes zur Kollision führen. Stoßen zwei Gleitschirme zusammen und trennen sie sich wieder, so bleibt normalerweise ihre Flugfähigkeit erhalten. Sind sie allerdings miteinander verhängt oder stößt ein Gleitschirm mit anderen Fluggeräten zusammen, so bleibt häufig nur der sofortige Einsatz des Rettungsgerätes.

Rettungsgerät

Zur Rettung aus Flugzuständen, die keine andere Ausleitung mehr ermöglichen, führt der Gleitschirmflieger einen Rettungsschirm mit. Voraussetzung für die Rettung ist die mentale Vorbereitung auf einen eventuellen Einsatz: Jederzeit muß der Griff intuitiv erreicht werden und das Wegschleudern des Innencontainers muß »automatisch« erfolgen.

◆ Zur **Auslösung** im Notfall schleudert der Pilot den Wurfcontainer kräftig und horizontal von sich weg. Sobald die Verbindungsleine gestreckt ist, zieht sie den Verschlußsplint aus dem Container und gibt die Schirmkappe frei. Der Füllvorgang erfolgt schlagartig und äußert sich im Entfaltungsstoß.

◆ Hat sich die Rettungskappe geöffnet, so ist es günstig, den **Hauptschirm** unter Kontrolle zu bringen, um eine Scherenstellung mit Pendeln und starkem Sinken zu verhindern. Am leichtesten glückt dies mit Hilfe der hinteren Tragegurte. Sie liegen direkt vor dem Piloten und sollen voll gezogen werden, damit der Hauptschirm stallt.

◆ Wenn dies nicht gelingt, so muß der Pilot sich aufrichten, um für den Landefall bereit zu sein.

Die Sinkgeschwindigkeit liegt je nach Geräten und Umständen zwischen 3 und 7 m/s.

Hanglandung

Am Hang erfolgt die Landung quer zum Gefälle, niemals bergauf. Seitenwind ist in Kauf zu nehmen.

Überfliegen von Hindernissen

Ist zweifelhaft, ob ein Hindernis überflogen werden kann, bietet sich die Methode der Blickpunktverschiebung an:

◆ »Schwindet« bei Annäherung an das Hindernis die Hintergrundlandschaft nach unten, ist das Überfliegen nicht möglich.

◆ »Vergrößert« sich die Hintergrundlandschaft, wird »mehr« Hintergrund sichtbar, so reicht die Flughöhe.

Baumlandung

Eine Baumlandung ist einer Baumberührung vorzuziehen. Ist eine Landung im Wald unvermeidbar, sollte sie im niedrigsten und dichtesten Baumbestand erfolgen.

Wird sich das Gleitsegel voraussichtlich im Geäst verfangen, so schützt sich der Pilot beim Eindringen: Beine gestreckt zusammenpressen, Oberarme an den Körper drücken, Gesicht mit den Händen abdecken.

Kann das Gleitsegel am Geäst abrutschen, greift der Pilot bereits beim ersten Berühren nach möglichst tragfähigen Zweigen.

Nach dem Baumlandung ist unbedingt zu vermeiden, durch waghalsige Klettermanöver ein zusätzliches Risiko einzugehen. Vielmehr empfiehlt es sich, im Gurtzeug zu bleiben, sich an festen Zweigen zu sichern und Helfer mit Leitern, Bergsteigerseilen etc. abzuwarten. Der Pilot unterstützt die Rettungsmaßnahmen durch Herablassen seiner Rettungsschnur und Hochziehen der von den Helfern herbeigebrachten Bergungsmittel.

Wasserlandung

Falls eine Wasserlandung nicht auszuschließen ist, beispielsweise bei Flügen am Meer, soll der Pilot eine Schwimmweste tragen.

◆ Vor der Landung möglichst dicht ans Ufer steuern.

◆ Noch in der Luft Brustgurt lockern oder öffnen, beide Beingurte lockern. Wenn möglich, einen der Beingurte öffnen.

◆ Gegen den Wind landen. Kurz vor Wasserberührung voller Bremsleinenzug, damit der Schirm hinter dem Piloten bleibt und ihn nicht im Wasser zudeckt. Vor dem Eintauchen tief Luft holen.

◆ Bei Wasserberührung alle Gurte öffnen.

◆ Bei fließendem Gewässer gegen die Strömungsrichtung von der treibenden Schirmkappe wegschwimmen.

◆ Bei stehendem Gewässer gegen den Wind von der Schirmkappe wegschwimmen.

◆ Beim Tauchen unter der Schirmkappe an einer Schirmbahn zum Kappenrand vortasten.

◆ Nie alleine versuchen, schwimmend die Schirmkappe zu bergen.

Foto: Michael Weingartner

Starkwindlandung

Bei stärkerem Bodenwind kann es notwendig sein, den Zielpunkt nur mit kurzem Quer- und Endanflug anzusteuern. Der Rückenwind beim Gegenanflug könnte den Schirm so weit forttragen, daß im Endanflug gegen den Wind der Landeplatz nicht mehr erreicht wird.

Ist der Bodenwind so stark, daß der Schirm nicht mehr gegen den Wind vorankommt und hinter ihm ein Landeplatz liegt, läßt sich der Pilot im »Rückwärtsflug«, schräg über die Schulter zum Landepunkt peilend, an diesen Landeplatz herantragen. Über dem Landepunkt kann der Pilot im Gegenwind senkrecht »absteigen«. Läßt der Wind in Bodennähe genügend nach, führt ein knapper Quer- und Endanflug zum Landepunkt.

◆ Den Landepunkt möglichst weit entfernt von Waldrändern und anderen »Windhindernissen« wählen, um nicht in die langen Wirbelschleppen zu geraten.

◆ Den Landestall nur kurz und fein dosiert ausführen, um nicht vom Wind zurückgerissen zu werden.

◆ Nach der Bodenberührung sofort sich umdrehen und den Schirm mit einem B- oder C-Leinen-Stall an den Boden zwingen.

Landefalltechnik

Die Landefalltechnik der Fallschirmspringer vermindert bei einem harten Boden-
aufprall die Verletzungsgefahr. Voraussetzung ist, daß der Pilot sie zuverlässig
beherrscht. Bei fehlerhafter Landefalltechnik entstehen neue Gefahren.

Der Bewegungsablauf

1. Noch in der Luft die Füße und Knie zusammenpressen. Kinn auf die Brust.
   Insgesamt lockere aber sprungbereite Haltung.

2. Hände mit den vollgezogenen Steuerleinen vorne an die Oberschenkel, auch
   bei Rückenwind. Ellbogen vorn am Körper anlegen.

3. Kurz vor dem Aufprall den gesamten Körper zur Seite drehen.

4. Beim Aufprall über die Linie »Unterschenkel seitlich, Gesäß seitlich, Rücken
   diagonal« in runder fließender Bewegung abrollen. Hände vor das Gesicht.

5. Füße geschlossen über den Kopf auf die andere Körperseite beim Abrollen
   mitführen.

Wetterkunde

Nicht nur das flugtechnische Können des Piloten und die Eigenschaften seines Fluggerätes bestimmen die fliegerische Leistung, sondern zum großen Teil auch die metereologischen Bedingungen. Um günstige Bedingungen gezielt zu finden und zu nutzen, muß der Pilot die Grundzüge der Metereologie (Wetterkunde) kennen. Vom Wetter drohen dem Piloten auch Gefahren. Die Wetterkunde macht diese Gefahren vorhersehbar und damit vermeidbar.

Die Lufthülle

Die Erde ist von einer Lufthülle umgeben, genannt Atmosphäre. »Wetter« ist der Zustand der Atmosphäre. Die unterste Schicht der Atmosphäre heißt Troposphäre. Sie reicht von der Erdoberfläche bis zu einer Höhe von ungefähr 11 000 Metern.

Die Lufttemperatur in Bodennähe ist normalerweise am höchsten, weil die Sonne zunächst die Erdoberfläche erwärmt und die Wärme dann von der Erdoberfläche an die darüberliegende Luftschicht abgegeben wird. Eine direkte Erwärmung der Luft durch die Sonne erfolgt nur in ganz geringem Maße. Im statistischen Mittelwert ist die Luft in der Troposphäre pro 100 Meter Höhe um 0,65 Grad Celsius kälter. Der tatsächliche Temperaturunterschied hängt freilich vom täglichen Wettergeschehen ab.

Auf Grund von Durchmischungsvorgängen in der Troposphäre können auch in höheren Lagen Warmluftschichten eingelagert sein. Dann nimmt die Temperatur trotz steigender Höhe vorübergehend zu, genannt Inversion, oder die Temperatur bleibt gleich, Isothermie. Inversion und Isothermie wirken als Sperrschicht für aufsteigende Luft.

Der Luftdruck kann zwar von Ort zu Ort verschieden sein, die Abnahme mit der Höhe ist jedoch stets gesetzmäßig. In etwa 5500 Meter Höhe halbiert sich der Luftdruck. Ebenso halbiert sich die Luftdichte. Die Verringerung der Luftdichte bedeutet für den Drachen größeres Sinken. Für den Piloten kann sie in großer Höhe wegen Sauerstoffmangels zum Höhenrausch führen.

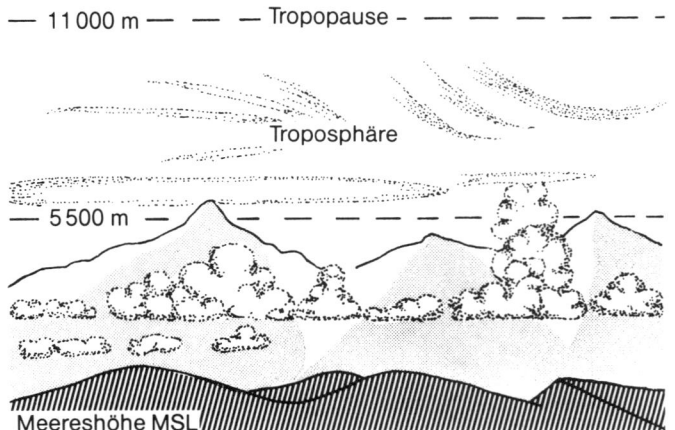

Der dynamische Wind

Wind heißt zunächst nur Luftbewegung. Luftbewegung kann großräumig und überregional sein, dann spricht man vom dynamischen Wind, oder sie entsteht durch lokale thermische Vorgänge, man spricht vom thermischen Wind.

Der Einstrahlungswinkel der Sonne auf die Erdoberfläche ist unterschiedlich: im Bereich des Äquators ist der Winkel am steilsten und an den Polen am flachsten. Beim flachen Winkel verteilt sich die eingestrahlte Wärmemenge über eine große Fläche, beim steilen Winkel konzentriert sich dieselbe Menge auf eine kleine Fläche. Andere Wärmeunterschiede entstehen durch verschiedene Oberflächenerwärmung der Weltmeere und der Kontinente. Die ungleichmäßige Erwärmung der Erdoberfläche bewirkt eine unterschiedliche Erwärmung der Luft. Dadurch entstehen Gebiete mit hohem Luftdruck (Hochdruckgebiete) und andere Gebiete mit tiefem Luftdruck (Tiefdruckgebiete). Um das Druckgefälle zwischen diesen Gebieten auszugleichen, strömt die Luft aus den Hochdruckgebieten in die Tiefdruckgebiete.

Windrichtung

Der Wind wird nach der Himmelsrichtung benannt, aus der er weht. In der Fliegerei wird die Windrichtung in Grad angegeben.

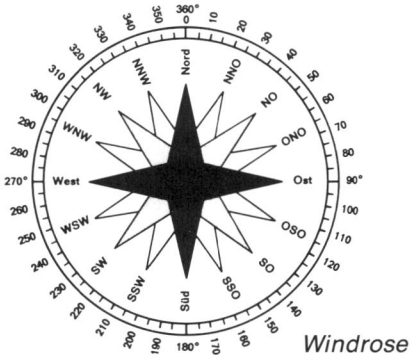

Windrose

Die schnelle Drehung der Erde um sich selbst – am Äquator 1600 km/h – bewirkt eine Kraft, die den Wind auf der nördlichen Halbkugel nach rechts ablenkt, auf der südlichen nach links. Die Kraft heißt Corioliskraft.

am Polarkreis auftreffend

Sonnenstrahlbündel

am Äquator auftreffend

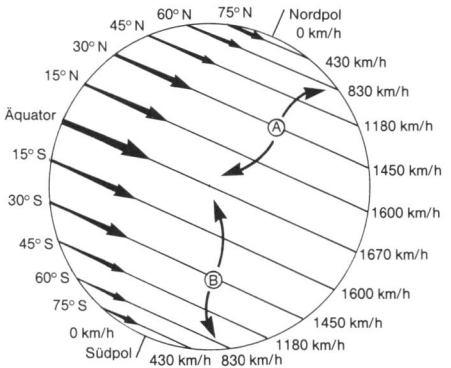

Wandert Luft Ⓐ nach Norden, eilt sie der dortigen Erddrehung voraus. Wandert sie nach Süden, bleibt sie zurück.

Je langsamer die Luft strömt, desto geringer ist die Ablenkung durch die Corioliskraft. Bodennaher Wind wird durch Bodenunebenheiten abgebremst und verlangsamt. Daher: Je näher der Wind dem Boden ist, um so weniger wird er nach rechts abgelenkt; je höher der Wind ist, desto stärker ist die Ablenkung.

> Die Windrichtung am Boden dreht in 1000 m Höhe um ca. 30 Grad nach rechts.

Wegen der Corioliskraft kann sich der Druckausgleich nicht auf dem kürzesten Weg durch geradlinig strömende Luft aus dem Hochdruckgebiet in das Tiefdruckgebiet vollziehen.

Die Luftteilchen, die nach allen Seiten aus einem Hochdruckgebiet herausströmen wollen, werden dabei nach rechts abgelenkt. Besonders in der Höhe, wo die Rechtsablenkung stark wirkt, kommt es statt zum Ausströmen zum Umströmen des Hochdruckzentrums im Uhrzeigersinn. Am Boden, wo die Luft weniger stark nach rechts abgelenkt wird, strömt sie aus dem Hochdruckgebiet heraus.

Beim Tiefdruckgebiet werden die Luftteilchen, die von allen Seiten hineinströmen wollen, ebenso nach rechts abgelenkt. Besonders in der Höhe, wo die Rechtsablenkung stark wirkt, kommt es statt zum Hineinströmen zum Umströmen des Tiefdruckzentrums, diesmal gegen den Uhrzeigersinn. Am Boden, wo die Luft weniger stark nach rechts abgelenkt wird, strömt sie in das Tiefdruckgebiet hinein.

Der Druckausgleich zwischen einem Hochdruckgebiet und einem Tiefdruckgebiet vollzieht sich folglich in Bodennähe. Die Luftteilchen im Hochdruckgebiet drehen zunächst im Uhrzeigersinn, verlassen dann das Hochdruckgebiet, werden von einem benachbarten

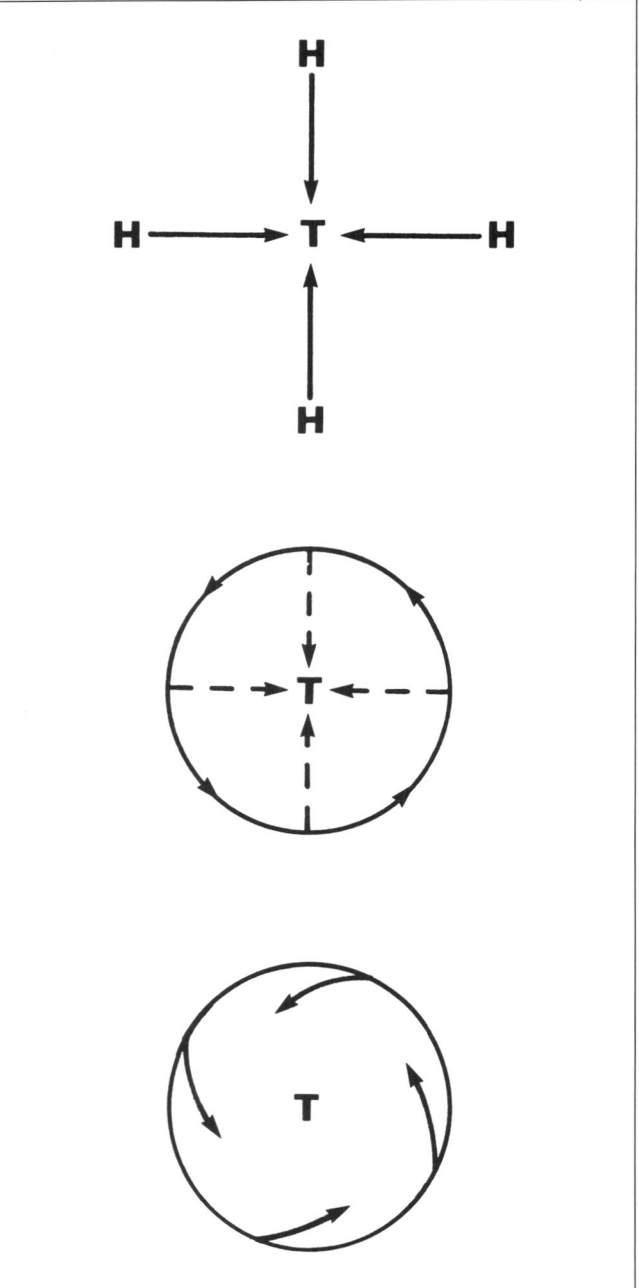

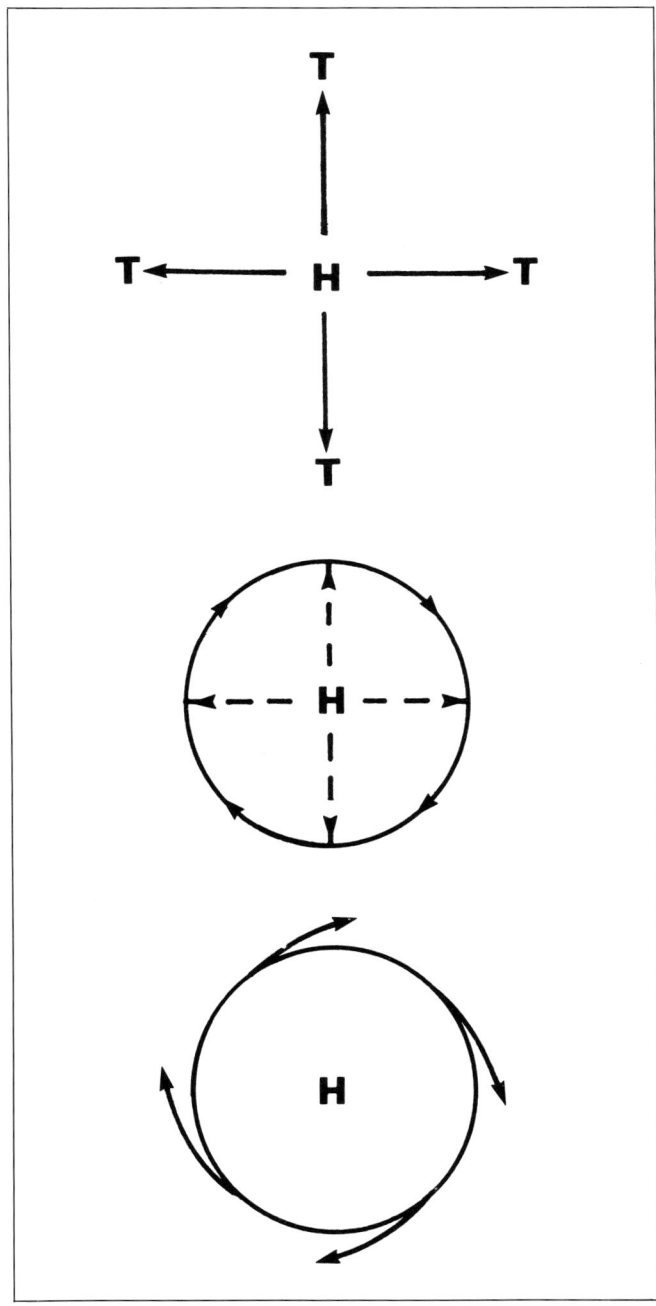

Tiefdruckgebiet angezogen, wechseln die Kurvenrichtung, strömen in Bodennähe in das Tiefdruckgebiet hinein und drehen dort gegen den Uhrzeigersinn.

Die Windrichtung ist also bestimmt durch die Lage der Hoch- und der Tiefdruckgebiete. Als Faustformel gilt für die Nordhalbkugel:

> Rücken zum Wind – vorn links das Tief
> hinten rechts das Hoch

Die Oberflächengestalt der Erde kann den Wind zwingen, von seinem Weg abzuweichen und den Weg auf Umwegen fortzusetzen. Talverläufe und Bergbarrieren lenken den Wind um.

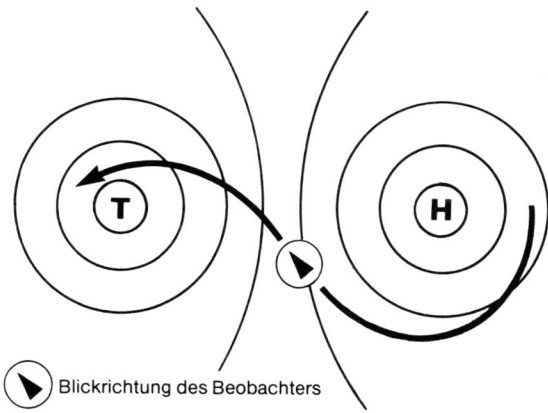

Blickrichtung des Beobachters

Windgeschwindigkeit

Die Windgeschwindigkeit ist die Schnelligkeit der Luftteilchen gegenüber dem Boden. Sie wird ausgedrückt in km/h, Knoten (knts) und m/sec.

Faustformel für die Umrechnung:
(knts x 2) – 10%   = km/h
(m/sec. x 4) – 10%   = km/h
m/sec. x 2   = knts

Zum Beispiel:
5 knts x 2 –10%   = 10 – 1 = 9 km/h
4m/sec. x 4 –10%   = 16 – 1,6 = 14,4km/h
4 m/sec. x 2   = 8 knts

Die Windgeschwindigkeit läßt sich aus der Wetterkarte entnehmen, anhand des Isobarenabstandes. Isobaren sind die um ein Hoch oder ein Tief verlaufenden Linien, die jeweils die Orte gleichen Luftdrucks miteinander verbinden. Je größer der Abstand zwischen diesen Linien ist, desto geringer ist das Luftdruckgefälle und damit auch die Windgeschwindigkeit. Umgekehrt weist ein enger Abstand der Isobaren auf ein hohes Luftdruckgefälle hin und damit auf eine hohe Windgeschwindigkeit.

Exaktes Meßgerät für die Windgeschwindigkeit ist der Schalenwindmesser. Zum Abschätzen der Windgeschwindigkeit eignet sich die **Beaufort-Skala**.

Zeichen (knts)	Stärke	Bezeichnung	Geschwindigkeit			Anhaltspunkte
			m/s	km/h	knts	
	0	Windstille	0	0	0	Rauch steigt senkrecht auf
	1	Leiser Zug	0,3	1	1– 3	Als Windhauch fühlbar
	2	Leiser Wind	1,6	6	4– 6	Blättersäuseln
	3	Schwacher Wind	3,4	12	7–10	Blätter und dünne Zweige fächeln
	4	Mäßiger Wind	5,5	20	11–15	Zweige und schlanke Äste wiegen sich
	5	Frischer Wind	8,0	29	16–21	Kräftige Zweige und schwache Bäumchen schwanken
	6	Starker Wind	10,8	39	22–27	Es bläst. Starke Äste schwanken, Wipfel biegen sich, Wind pfeift um Häuser und in Drähten
	7	Steifer Wind	13,9	50	28–33	Bäume schwanken. Gehen gehemmt
	8	Stürmischer Wind	17,2	62	34–40	Zweige werden geknickt. Gegenstemmen beim Gehen

Stellung des Windpfeiles bezeichnet die Windrichtung in Grad, Beispiel: ⟋ Wind aus 225° = Südwest.

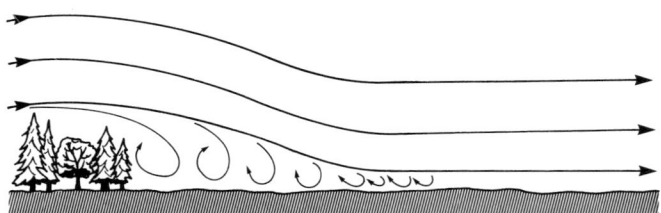

Die Bodenreibung bremst den Wind in Bodennähe.

Faustformel: 500 m über Grund – doppelte Windgeschwindigkeit

Allerdings kann in Ausnahmefällen die Windgeschwindigkeit am Boden größer sein als in hohen Luftschichten. Dies bewirkt besonders der Düseneffekt von Tälern.

Düsenwirkung

Wird der Luftstrom eingeengt, so erhöht sich an der Engstelle – der »Düse« – die Windgeschwindigkeit, wie in einem verengten Wasserlauf. Die Engstelle kann einseitig und doppelseitig sein, vertikal und horizontal, klein- und großräumig.
Berggrate bilden bei Anströmung einseitige, horizontale Engstellen. Die Windgeschwindigkeit dicht über einem Grat kann erheblich höher sein als unter oder vor dem Gipfel.
Taleinschnitte wirken wie großräumige Düsen, die nicht nur die Windgeschwindigkeit erhöhen, sondern auch die Windrichtung ändern können.
Waldkanten, Felsvorsprünge, Häuser und überhaupt dicht überflogene Hindernisse wirken als kleinräumige Düsen, erhöhen die Windgeschwindigkeit und lösen Turbulenz aus.

Achtung!
Die höhere Windgeschwindigkeit an der Düse mindert die Vorwärtsbewegung des Fluggeräts gegenüber dem Boden; bis zum senkrechten Sinkflug oder zur Rückwärtsbewegung, wenn die Windgeschwindigkeit die Eigengeschwindigkeit des Gleitsegels erreicht oder übertrifft.

Turbulenzen

Trifft die Luft auf ein Hindernis, muß sie beim Umströmen ihre Richtung der Hindernisform anpassen. An einem sanft geformten Hindernis kann sie ungestört entlanggleiten. Erfordert dagegen die Form des Hindernisses eine starke Richtungsänderung der umströmenden Luft, dann wird sie in ihrem gleichförmigen Strömungsfluß gestört. Im Störungsbereich geraten die Luftteilchen in uneinheitliche Wirbelbewegungen, wie sie auch in einem Wasserlauf auftreten.

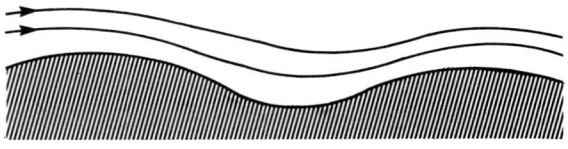

Die räumliche Ausdehnung des verwirbelten Bereichs vergrößert sich mit zunehmender Windgeschwindigkeit. Ebenso wächst die Heftigkeit der Wirbel. Diese Wirbel heißen Turbulenzen.
Die Turbulenzen wirken von unterschiedlichen und nicht vorhersehbaren Richtungen auf das Fluggerät ein, sie verändern seine Fluglage, verursachen Pen-

delbewegungen und behindern die Korrekturen des Piloten.

In unmittelbarer Bodennähe tritt **Bodenturbulenz** auf, hervorgerufen von Bodenbewuchs und Bodenunebenheiten.

kantigen Bergflanken. Die Drehachse der Turbulenz richtet sich dann nach dem Neigungswinkel der Flanke und man spricht von Seitenwalze.

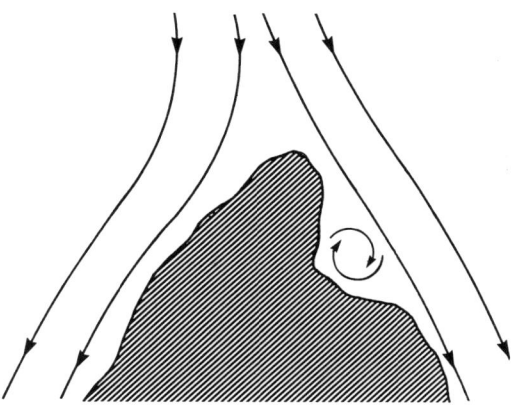

Seitenwalze, Draufsicht

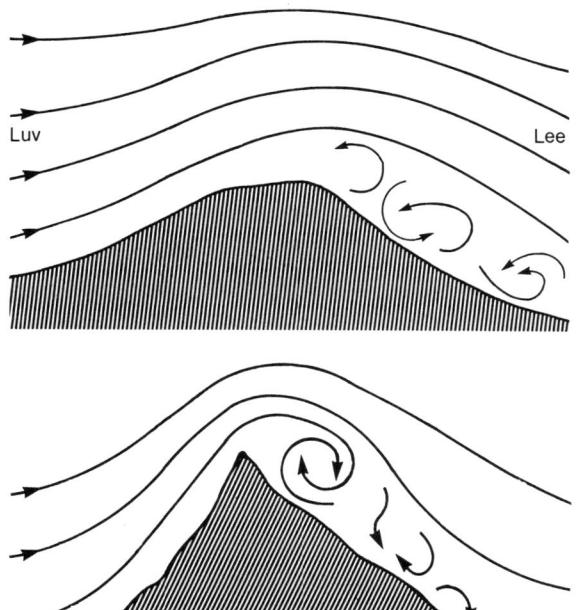

Nicht vom Boden verursacht ist die **Windscherung**. Sie entsteht, wenn benachbarte Luftmassen verschiedene Bewegungsrichtungen haben. An der Scherfläche der beiden Luftmassen entstehen Luftwirbel, deren Heftigkeit von der Richtungs- und Geschwindigkeitsdifferenz der beiden Luftmassen abhängt. Die Windscherung ist nicht anhand von Geländemerkmalen zu erkennen.

Bei größeren Hindernissen kommt es im Lee, das ist die windabgewandte Seite, zu besonders kräftiger Verwirbelung, genannt **Leeturbulenz**. Diese Turbulenz kann bereits von Bäumen und Häusern ausgelöst werden, am stärksten ausgeprägt ist sie hinter den Berggipfeln.

Bei scharfen Geländeabbrüchen, besonders an Gipfeln und an Klippen, können sich Leewalzen bilden. In solchen Walzen rotiert die Luft großräumig und von Turbulenzen durchsetzt. Leewalzen können auch an seitlich umströmten Hindernissen auftreten, z.B. an

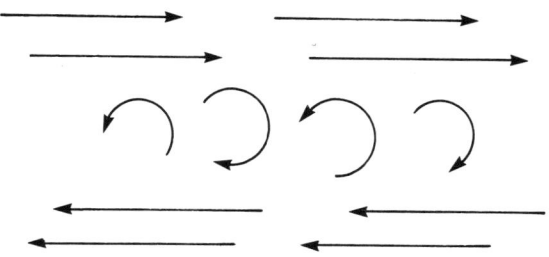

Ebenfalls nicht am Gelände zu erkennen ist der Föhnrotor, der unterhalb der Föhnwellen entsteht, vgl. Kapitel Der Föhn.

Der dynamische Hangaufwind

Wenn der Wind einen Berg überströmt, entsteht Aufwind im Luv, das ist die windzugewandte Seite; im Lee entsteht Abwind. Die Beschaffenheit des Aufwindes hängt – neben der Windgeschwindigkeit – von weiteren Faktoren ab.

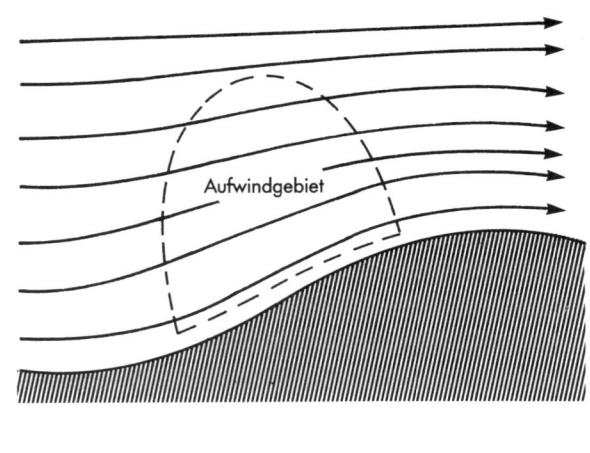

◆ Die Beschaffenheit des vorgelagerten Geländes bestimmt die Qualität der anströmenden Luft. Ebenes Gelände, z. B. Meer, ist am günstigsten. Vorgelagerte Hindernisse, besonders Berge, bewirken turbulente Anströmung.

◆ Hat die Luv-Seite nur wenig Breite oder ist sie gar keilförmig, dann teilt sich die Luftströmung und umströmt den Berg überwiegend seitlich. Der Aufwind nimmt entsprechend ab.

◆ Mit der Hanghöhe wächst bei gleichmäßiger Windanströmung die Tiefe und Höhe des Aufwindbandes proportional. Das Anwachsen mindert sich mit zunehmender Anströmgeschwindigkeit.

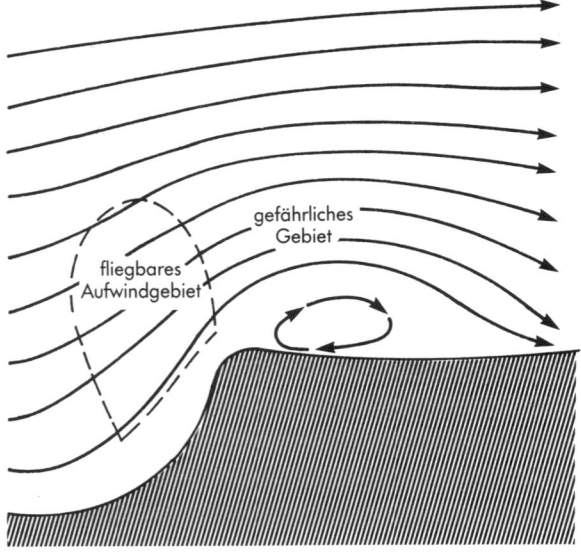

◆ Mit Vergrößerung der Hangneigung wächst die Aufwindgeschwindigkeit. Das Aufwindband wird dünner. Umgekehrt bieten flache geneigte Berge ein dickeres Aufwindband, freilich auf Kosten der Aufwindgeschwindigkeit.

◆ Die Geländeform entscheidet über die Wirbelbildung im Luv. Zerklüftetes Gelände läßt aufwindmindernde Turbulenzen entstehen.

◆ Ähnlich wie die Geländeform wirkt sich der Geländebewuchs aus. Besonders der Wechsel von Waldflächen und Lichtungen erhöht die Turbulenzbildung und schwächt den Aufwind.

◆ Faustregel: Bester Hangaufwind bei 50 – 100 m Hangabstand.

Achtung!

◆ An der Scherfläche zwischen ungestörtem Aufwind und bodennaher Turbulenzzone entsteht am Fluggerät ein Drehmoment in Richtung Hang.
◆ Die Leewalze hinter dem Berggipfel kann Aufwind vortäuschen.

Foto: Michael Weingartner

Der thermische Wind

Außer den globalen Wärmeunterschieden, die zur Entstehung des überregionalen dynamischen Windes führen, gibt es auch regionale Unterschiede bei der Bodenaufheizung, die ein kleinräumiges Windsystem entstehen lassen, den thermischen Wind. Beide Windsysteme überlagern sich. Das System mit mehr Energie setzt sich gegen das schwächere durch. So kann der überregionale Wind die Ausbildung des örtlichen Windsystems ganz verhindern.

See- und Landwind

Der größte Unterschied in der Beschaffenheit der Erdoberfläche besteht zwischen Wasser und Land. Wasser und Boden unterscheiden sich in ihrer Wärmeleitfähigkeit. Der Boden speichert die von der Sonne eingestrahlte Wärme an der Oberfläche und leitet nur einen geringen Teil in die tieferen Bodenschichten weiter. Beim Wasser dagegen sammelt sich die Wärme nicht nur an der Oberfläche, sondern sie dringt auch in tiefere Schichten vor.

Strahlt die Sonne auf Wasser und Land gleichmäßig ein, heizt sich die Landoberfläche schneller auf als die Wasseroberfläche. Die Landoberfläche erwärmt die aufliegende Luftschicht stärker als die Wasseroberfläche. Da warme Luft leichter ist als kalte Luft, steigt die Luft über dem Land auf. Die Luft auf dem Wasser wird als »Ersatz« angezogen, es entsteht der Seewind. Die aufgestiegene Landluft fließt in der Höhe infolge des Luftdruckgefälles zum benachbarten Luftraum über dem Wasser. Dort sinkt die Luft – der Kreislauf ist geschlossen.

◆ Über dem Gipfel herrscht erhöhte Windgeschwindigkeit, die das Fluggerät in das Lee abtreiben kann.

Hangsegeln, englisch Soaring, ist ohne Höhenverlust möglich, wenn die senkrechte Komponente der Aufwindgeschwindigkeit gleich oder größer der Sinkgeschwindigkeit des Gleitsegels ist.

Warme Luft ist leicht – kalte Luft ist schwer

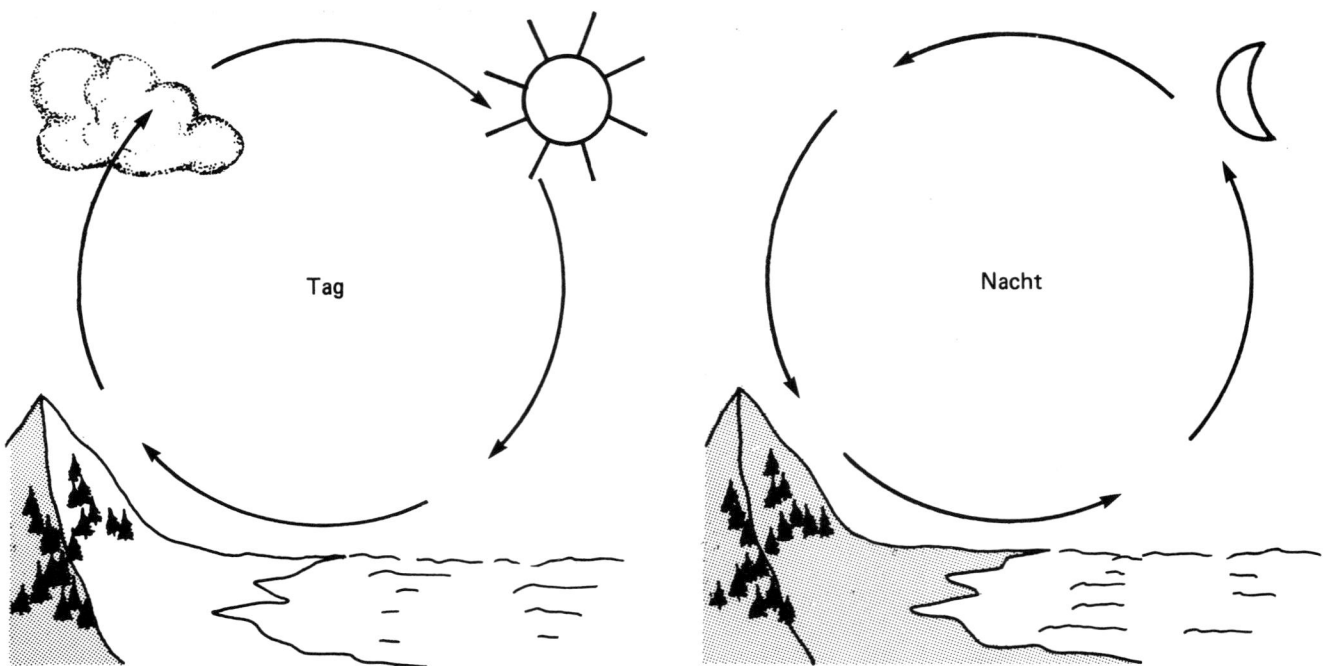

Tag

Nacht

Die Zirkulation reicht tagsüber etwa 50 km landeinwärts mit einer Höhe von etwa 500 m. Die Bodenströmung kann 25 bis 40 km/h erreichen. Die Luft zirkuliert mehrere Male pro Tag. Nach Sonnenuntergang kühlt die Landoberfläche schneller ab als die Wasseroberfläche. Land und Wasser strahlen Oberflächenwärme ab. Während die Landfläche nur wenig Spei-

cherwärme hat, erhält die Wasserfläche Wärmenachschub aus den tieferen Schichten. Es entsteht ein Wärmevorsprung der Wasseroberfläche und der dort aufliegenden Luftschicht. Der Kreislauf kommt in entgegengesetzter Richtung in Gang, es entsteht der Landwind.

Berg- und Talwind

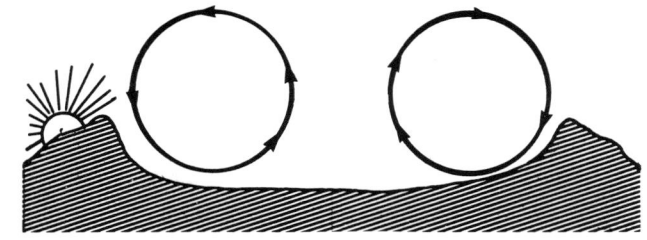

Auch Berg und Tal unterscheiden sich in ihrer Bodenoberfläche. Berghänge sind trockener als Talgründe, denn das Bergwasser fließt ab und durchfeuchtet die Talgründe. Zwar ist der Unterschied zwischen »trocken« und »naß« nicht so ausgeprägt wie zwischen Land und Wasser, dennoch gilt dasselbe Prinzip: Die Hangflächen erwärmen sich schneller als der Talgrund. Zudem wird die Luft am Hang stärker erwärmt als die benachbarte hangfernere Luft. Die Hangluft steigt am Hang entlang auf. Beim Aufstieg erhält sie vom Hang weitere Wärmezufuhr, der Aufwind verstärkt sich. Gleichzeitig zieht die aufsteigende Luft bodennahe Talluft nach.

Mit Sonnenuntergang dreht sich der Kreislauf um. Die trockeneren Hangflanken kühlen schneller aus als der Talgrund und kühlen die Luft am Hang. Die Luft sinkt ab, es entsteht Bergwind. Der feuchtere und dadurch wärmespeichernde Talgrund kühlt langsamer ab. Die Talluft wird im Vergleich zur Hangluft leichter und steigt großflächig auf.

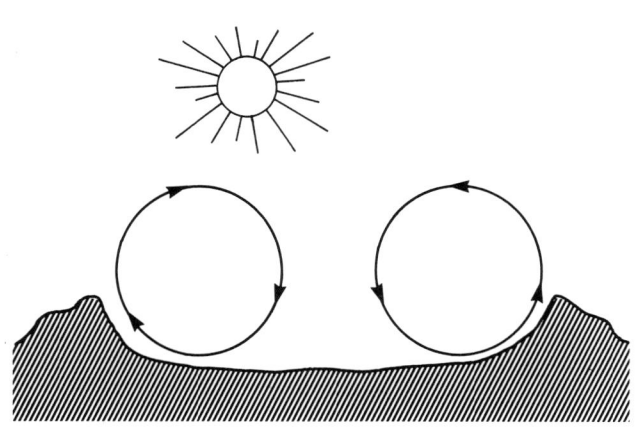

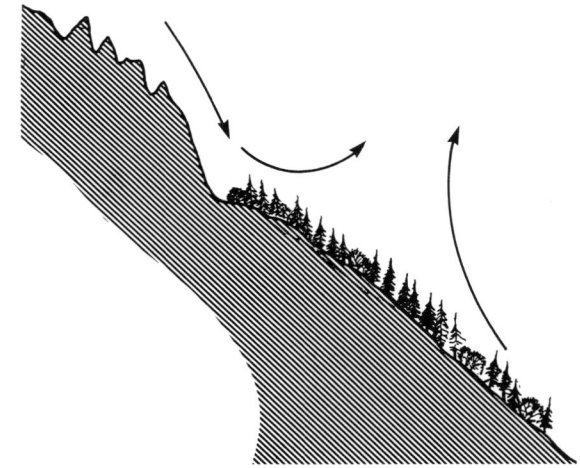

Die am Hang aufsteigende Luft löst sich am Gipfel ab und fließt in der Höhe infolge des Luftdruckgefälles über den Talgrund. Dort sinkt die Luft – der Kreislauf ist geschlossen.

In der Wechselphase von Talwind zum Bergwind setzt das Absinken der Hangluft nicht gleichzeitig an allen Stellen ein. Rasch auskühlende Hangbereiche wie beispielsweise Fels erzeugen bereits Bergwind, während die Luft über wärmespeichernden Hanggebieten, besonders Wald, noch aufsteigen kann.

Die Hangneigung hat beim Berg- und Talwind zusätzliche Bedeutung. Je steiler der Einfallswinkel der Sonneneinstrahlung ist, desto schneller und stärker erwärmt sich der Boden. So sind vormittags Südosthänge mit steiler Hangneigung begünstigt. Mittags haben flache Südhänge und nachmittags steile Südwesthänge die beste Einstrahlung.

Sind die Bergflanken am späten Vormittag soweit erwärmt, daß die Luft über dem gesamten Bergland großräumig aufsteigt, strömt Luft aus dem Flachland

die Täler hinauf. Besonders stark weht der Talwind zwischen Talgrund und ca. 400 m Höhe. Er kann die Eigengeschwindigkeit des Gleitsegels übersteigen.

Vorsicht! Sinkt nach Sonnenuntergang die Luft über dem Bergland ab, strömt sie wieder die Täler hinab ins Flachland. Dieser Talabwind hält an, bis er am nächsten Vormittag durch die neue Hangerwärmung wieder umgedreht wird.

19/20 h

Foto: Günter Kozeny

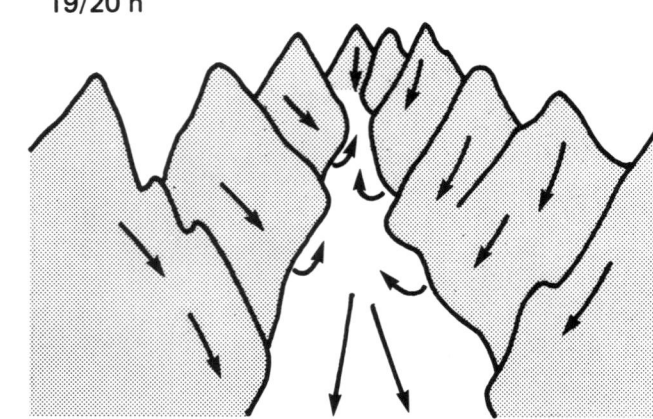

Foto: Michael Weingartner

Bodenthermik

Verschiedenartiger Bewuchs und unterschiedliche Bodenbeschaffenheit bewirken Erwärmungsunterschiede, die zur Ausbildung von Thermik führen.

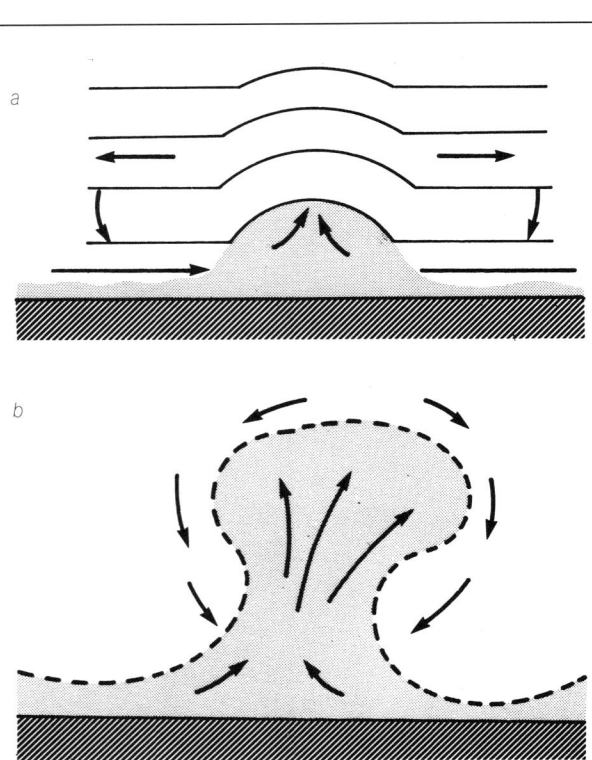

◆ Glatte Bodenoberfläche, z. B. Schneedecke, reflektiert die einfallende Wärmestrahlung größtenteils und es kommt nicht zur Erwärmung des Bodens. Dagegen streut eine rauhe Bodenoberfläche die Bodenstrahlung und der Boden erwärmt sich.
◆ Starke Wärmeleitfähigkeit des Bodens mindert die Oberflächenerwärmung. Durchfeuchteter Boden hat eine starke Wärmeleitfähigkeit im Gegensatz zu trockenem Boden. Durchlüfteter Boden, z. B. gepflügter Acker, hat geringe Wärmeleitfähigkeit, weil Luft isoliert.
◆ Nasse Bodenoberfläche oder feuchte Vegetation, z. B. Laubwald, verbrauchen einen großen Teil der Wärmestrahlung für die Verdunstung. Es bleibt wenig zur Erwärmung des Bodens. Beim Nadelwald ist die Verdunstung geringer.
◆ Windgeschützte Bodenflächen erwärmen sich stärker. Das Aufheizen des Bodens wird nicht durch darüberstreichende Kaltluft gestört.

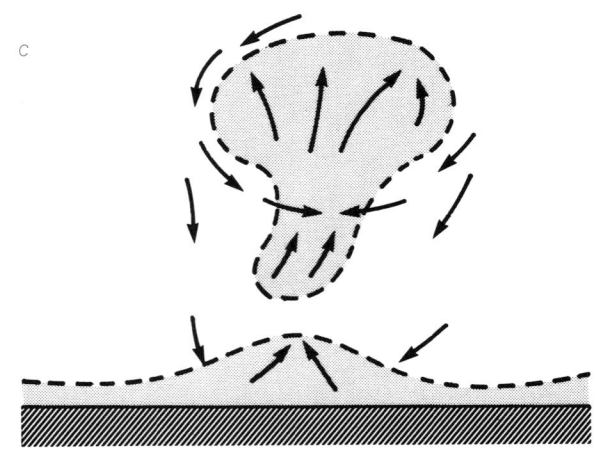

Die aufgeheizte Bodenoberfläche erwärmt die aufliegende Luft. Erhält die so aufgewärmte bodennahe Luft einen Wärmevorsprung gegenüber der darüberliegenden Luftschicht, will sie aufsteigen. Zunächst bildet sich eine Warmluftblase, die trotz Wärmevorsprung zäh am Boden haften bleibt, bis sie durch einen weiteren Vorgang am Boden abreißt, durch

◆ Überhitzung der Warmluftblase durch weitere Aufheizung
◆ akustische Erschütterung der Luftblase
◆ Wind, der die Blase zerreißt
◆ Wind, der die Blase an eine Abreißkante drückt.

Warmluftblase am Boden (a), Abreißen der Blase (b) und Aufsteigen als Thermik (c)

Als Abreißkanten wirken Geländekanten oder Grenzlinien zwischen stark unterschiedlich temperierten Bodenoberflächen, z. B. Schneegrenze.
Nach dem Abreißen steigt die Blase auf und die Nachbarluft strömt am Boden nach. Ist auch die Nachbarluft wärmer als die darüberliegende Luftschicht, folgt sie dem Aufstiegsweg der Thermikblase. Man spricht von Thermikschlauch oder »Bart«, der solange anhält, bis die bodennahe Warmluft nach oben weggeströmt ist.

1 Grad Celsius. Der Thermikschlauch bildet sich in seiner Gestalt unterschiedlich aus und seine räumliche Ausdehnung hängt ab von der Größe der Bodenheizfläche. Bei mehreren Thermikquellen am Boden vereinigen sich die Aufwinde. Daher ist die Thermik in größerer Höhe meist großflächiger als in Bodennähe.

Am Rand des Thermikschlauchs läßt die Aufwindgeschwindigkeit auf Grund der Reibung mit der Umgebungsluft nach. Die Reibung erzeugt in diesem Bereich die Randturbulenzen. Rund um den Thermikschlauch herrscht Abwind, der zum Ausgleich des Druckgefälles die am Boden abziehende Warmluft ersetzt.

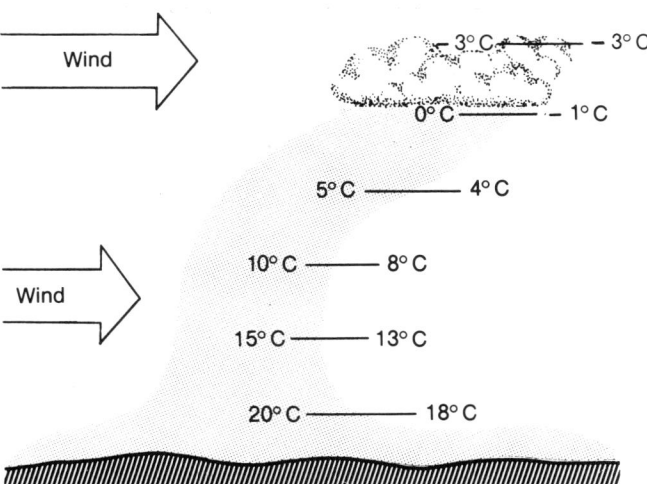

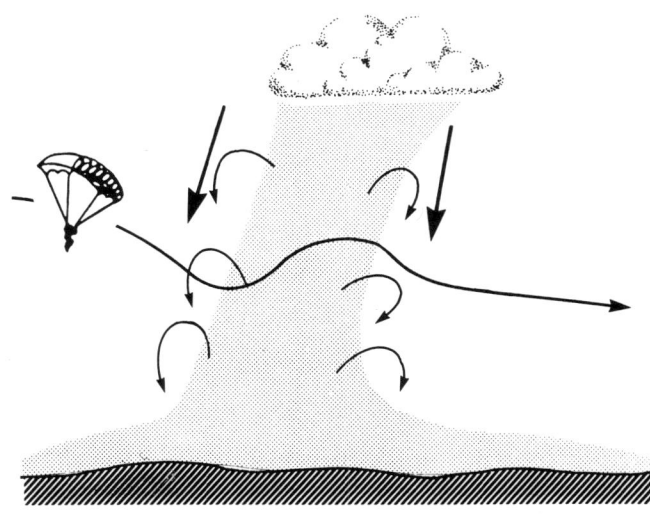

Der Aufstiegsweg der Thermik wird durch die Windrichtung und die Windgeschwindigkeit bestimmt. Die Geschwindigkeit des Aufstiegs und die Aufstiegshöhe hängen von der Temperatur der Umgebungsluft ab. Je größer der Temperaturunterschied ist, desto schneller steigt die Thermik. Der Aufstieg endet in der Höhe, wo die Thermik auf die Temperatur der Umgebungsluft abgekühlt ist. Die Abkühlung erfolgt nicht durch Mischung mit der Umgebungsluft, sondern durch die Ausdehnung beim Aufsteigen und den damit verbundenen Energieverbrauch, pro 100 m um

Wolken und Nebel

Wenn der Feuchtigkeitsgehalt der Luft sichtbar wird, spricht man von Wolken oder von Nebel. Die Wolke unterscheidet sich durch größere Wassertröpfchen vom Nebel. Grundsätzlich zu unterscheiden von Wolken und Nebel ist der unsichtbare Wasserdampf, das ist Wasser in Gasform.

Taupunkt

Das Wasser gelangt in die Luft durch Verdunstung. Bei der Verdunstung verwandelt sich Wasser durch Wärmezufuhr vom flüssigen Zustand in gasförmigen Zustand.

Warme Luft kann mehr gasförmiges Wasser in sich aufnehmen als kalte Luft. Hat die Luft die Menge an unsichtbarem Wasserdampf aufgenommen, die sie entsprechend ihrer Temperatur gerade noch halten kann, ist die Luft gesättigt.

Die Sättigung kann auf zweierlei Weise eintreten, durch Zufuhr von Feuchtigkeit bei gleichbleibender Temperatur und durch Abkühlung der Luft bei gleichbleibendem Feuchtigkeitsgehalt. Die Temperatur, bei der Sättigung eintritt, heißt Taupunkt. Die Differenz zwischen der tatsächlichen Lufttemperatur und der Taupunkttemperatur heißt Taupunktdifferenz. Je geringer die Taupunktdifferenz ist, desto eher ist mit Nebel- und Wolkenbildung zu rechnen. Abkühlung der Luft kann durch kalte Unterlage, durch Mischung mit kalter Luft oder durch Aufstieg der Luft entstehen. Aufstieg ist möglich durch Thermik, durch Anstieg am Berg oder durch Aufgleiten auf andere Luftmassen.

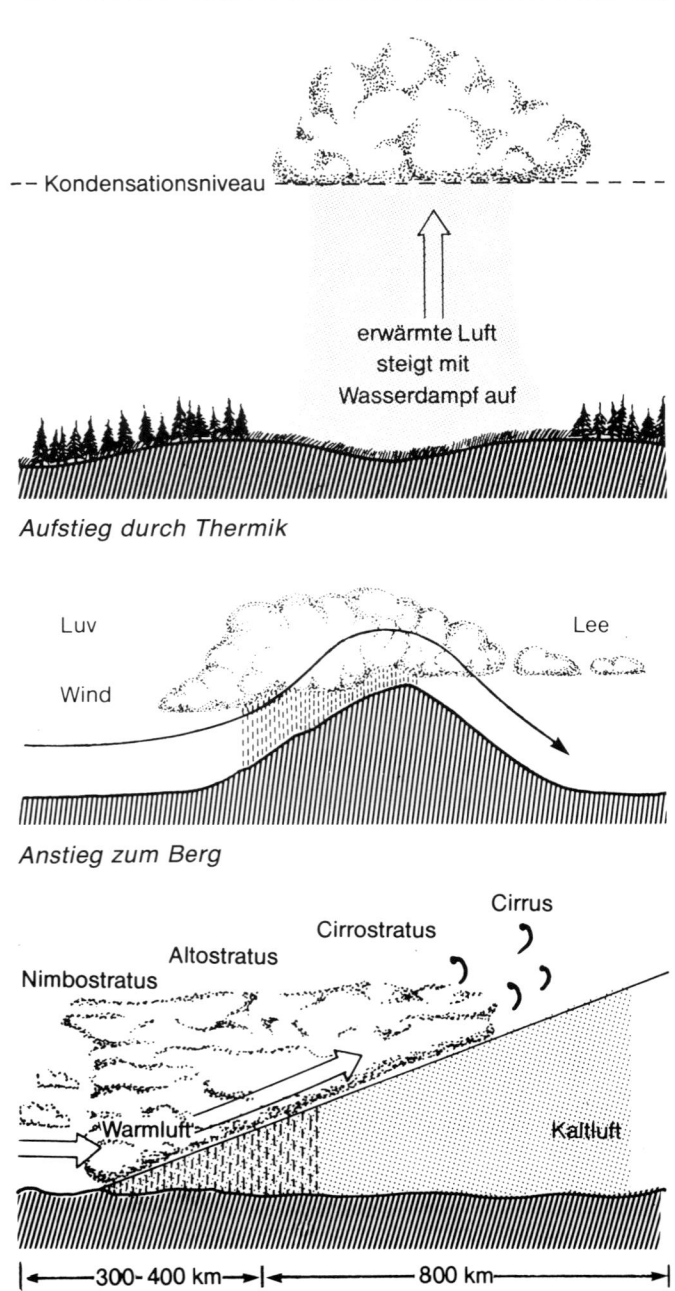

Kondensationsniveau

erwärmte Luft steigt mit Wasserdampf auf

Aufstieg durch Thermik

Luv — Lee — Wind

Anstieg zum Berg

Cirrus
Cirrostratus
Altostratus
Nimbostratus
Warmluft
Kaltluft

|←—— 300-400 km ——→|←——— 800 km ———→|

Aufgleiten auf Luftmassen

Kondensation

Bei Erreichen des Taupunktes, d.h. bei Sättigung der Luft, wird der überschüssige Wassergehalt, den die Luft nicht in Gasform halten kann, in Form von sichtbaren Wassertröpfchen (Kondensation) oder Eiskristallen (Sublimation) ausgeschieden. Die Tröpfchen brauchen Kondensationskerne, die Eiskristalle Sublimationskerne. Die Kerne sind feinste Staubpartikel in der Luft. Wolken oder Nebel sind entstanden.

Bei der Kondensation wird Wärme frei, die beim Verdunstungsvorgang aufgenommen worden war. Dies bedeutet, daß die innerhalb von Wolken weiter aufsteigende Luft sich nur etwa halb so stark abkühlt, wie zuvor beim Aufstieg bis zur Wolkenbasis. Der Wärmeverlust bis zur Wolkenbasis beträgt 1 Grad Celsius pro 100 m, in der Wolke nur noch ca. 0,5 Grad pro 100 m.

Niederschlag

Beim Aufstieg der Luft in der Wolke setzt sich die Kondensation fort, die Wassertröpfchen wachsen und gewinnen an Gewicht. Wenn Größe und Gewicht der Tropfen so zugenommen haben, daß der Aufwind in der Wolke die Tropfen nicht mehr transportieren kann, fallen sie aus in Richtung Erdboden. Den Erdboden erreichen die Tropfen nur, wenn sie nicht unterwegs verdunsten. Dies ist abhängig von der Größe der Tropfen, vom Feuchtigkeitsgehalt und der Temperatur der Luftschichten unterwegs und von der Kälte der Tropfen beim Verlassen der Wolke. Faustregel: Bei einer Cumuluswolke muß der Aufstiegsweg soweit reichen, daß der Temperaturverlust beim Aufstieg die Tropfen auf minus 10 Grad unterkühlt.

Gewitter

Zu unterscheiden sind örtliche Wärmegewitter und langgestreckte Frontgewitter. Wärmegewitter entstehen durch Überentwicklung von Thermik, Frontgewitter durch großräumiges Aufeinandertreffen von Kaltluftmassen auf Warmluft.

Entscheidend ist ein großer Temperaturunterschied zwischen Kaltluft und aufsteigender Warmluft. Beim Wärmegewitter muß die nach oben gestaffelte Luftschichtung durchgängig an Temperatur abnehmen. Die Abnahme muß stärker sein als die Temperaturabnahme der aufsteigenden Thermikluft, Labilität. Der Temperaturvorsprung der aufsteigenden Luft gegenüber der Umgebungsluft vergrößert sich, mit der Folge, daß der Aufstieg sich beschleunigt. Innerhalb der Wolke kommt es zu einer weiteren Vergrößerung des Temperaturvorsprungs durch die Kondensationswärme. In der Gewitterwolke erreicht die aufsteigende Luft eine Geschwindigkeit bis 150 km/h, wobei die Geschwindigkeit des Abwindes sich entsprechend erhöht.

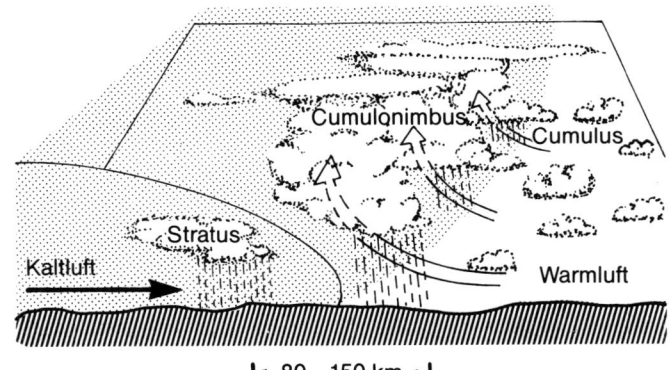

Frontgewitter

Dieses schnelle Steigen und Absinken auf engem Raum führt zu extremer Turbulenzbildung. Die Reibung der Luftteilchen aneinander erzeugt elektrische Aufladungen, die sich durch Blitzschlag von Luftmasse zu Luftmasse oder zwischen Luft und Boden entladen. Die Erhitzung durch den Blitz bewirkt ein schlagartiges Ausdehnen und Zusammenziehen der Luft, den Donner. Wegen der langsameren Ausbreitung der akustischen Wellen ist der Donner vom Beobachter später wahrzunehmen als der Blitz.

Die Ausdehnung der Gewitterwolken kann bis zur Tropopause hochreichen, die eine unüberwindliche Sperrschicht bildet. Die große Höhe führt dazu, daß die mitgeführten Wassertröpfchen gefrieren. Infolge des extremen Auf und Ab in der Gewitterwolke werden die Eiskristalle mehrere Male hinauf- und heruntergerissen. Dabei wachsen ihnen weitere Eisschichten an. Es entstehen in der Gewitterwolke kiloschwere Eiskörper, die erst beim Herabfallen zum Erdboden abtauen. Tauen sie völlig ab, entsteht der großtröpfige Gewitterregen, reicht der Tauvorgang nicht aus, spricht man von Hagel.

Wolkenformen

Zu unterscheiden sind drei Wolkengrundformen.

- ◆ Die Haufenwolke, Cumulus, entsteht durch aufsteigende Luft.
- ◆ Die Schichtwolke, Stratus, kommt durch großräumige Hebungsvorgänge der Luft zustande.
- ◆ Die Wellenwolke, Lenticularis, bildet sich am Wellenberg einer in Schwingung geratenen Luftströmung, siehe Kapitel Föhn.

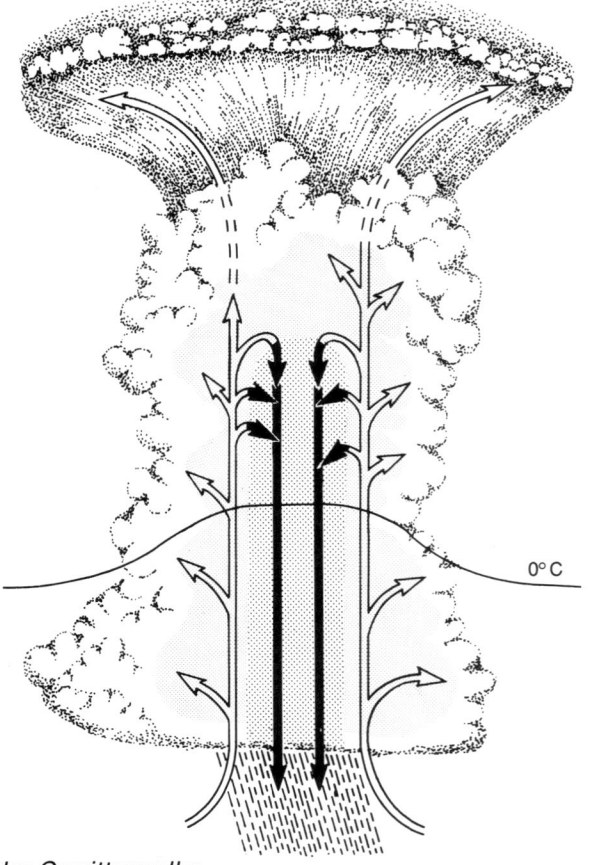

In der Gewitterwolke

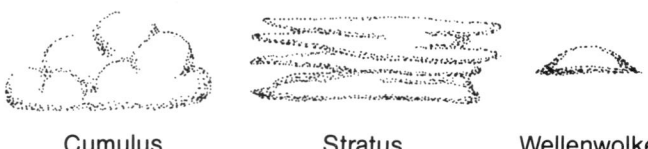

Cumulus   Stratus   Wellenwolke

Fällt Niederschlag aus einer Wolke, erhält sie die Zusatzbezeichnung Nimbus oder Nimbo (lateinisch: nimbus, der Regen). Die Gewitterwolke heißt Cumulonimbus und die breitgeschichtete Regenwolke Nimbostratos.

Wolkenstockwerke

Eine weitere Unterscheidung der Wolken erfolgt nach der Höhe der Wolkenbasis, d. h. Wolkenuntergrenze.

◆ Wolken über 6000 m bestehen aus Eiskristallen und sie erhalten die Vorsilbe Cirrus bzw. Cirro, z. B. Cirrostratos für Schichtwolke in über 6000 m Höhe.

◆ Mittelhohe Wolken zwischen 2500 und 6000 m erhalten die Vorsilbe Alto, z. B. Altocumulus für Haufenwolke im mittelhohen Bereich.

◆ Unterhalb 2500m bis zum Boden erhalten die Wolken keine Zusatzsilbe, z. B. Stratos für Schichtwolke unterhalb 2500 m Höhe.

Es gibt Wolken, die sich über mehrere Stockwerke erstrecken, z. B. die Gewitterwolke Cumulonimbus. Da die Basis dieser Wolke unterhalb 2500 m liegt, erhält sie keine weitere Zusatzbezeichnung.

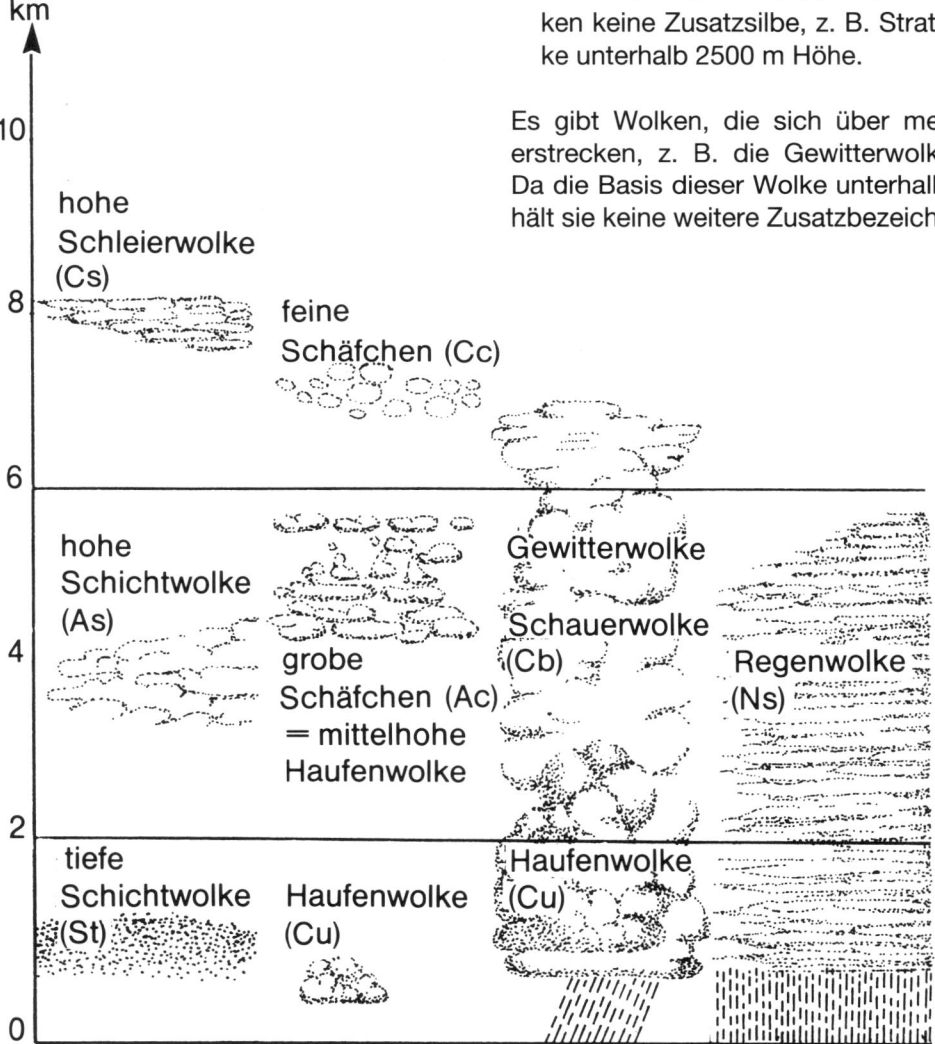

Wetterlagen

Großräumige Druckgebilde mit kontinentalen Ausmaßen bestimmen die Rahmenbedingungen für unser tägliches Wettergeschehen. Das Wetter in Mitteleuropa ist geprägt vom Wechselspiel der Hochdruck- und Tiefdruckgebiete, die meist von Westen her über den europäischen Kontinent wandern.

Das Tief

In den europäischen Breiten strömen feuchte Warmluftmassen äquatorialen Ursprungs an polarer Kaltluft entlang. An der Scherfläche kommt es zu großräumigen Wirbeln, genannt Tief oder Zyklone mit Anhebung der feuchten Warmluft. Die Hebungsvorgänge führen zu großflächiger Schichtbewölkung mit Niederschlag. Vom Zentrum des Tiefdruckgebiets aus erstrecken sich als Tiefdruckausläufer die Warmfront und die Kaltfront. Die Warmfront ist gekennzeichnet durch zunächst hohe und dann absinkende Schichtbewölkung mit auffrischendem Wind und dann ausgiebigem Niederschlag. Die Kaltfront hat eine scharfgezeichnete

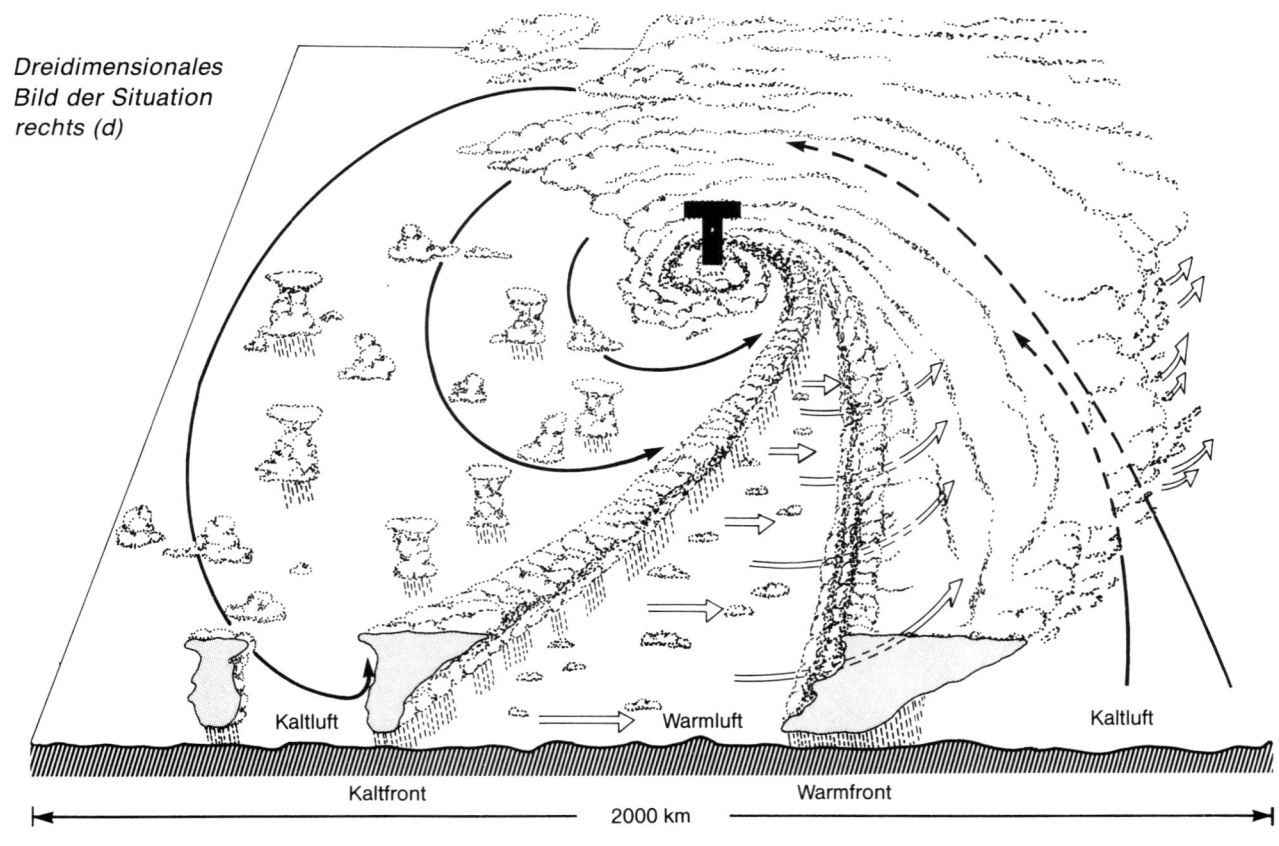

Dreidimensionales Bild der Situation rechts (d)

Kaltluft

Warmluft

Kaltluft

Kaltfront

Warmfront

2000 km

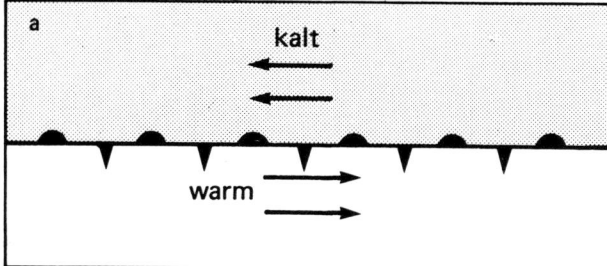

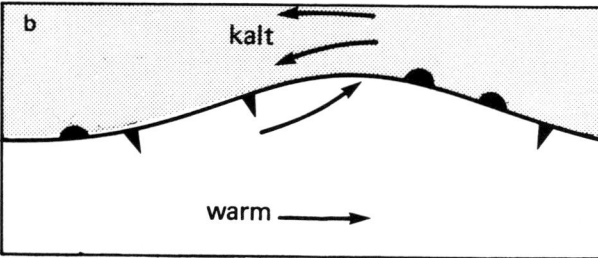

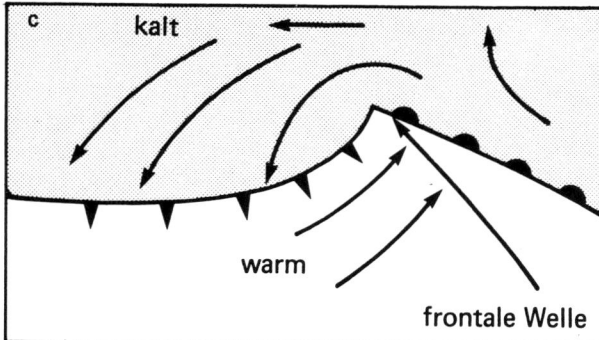

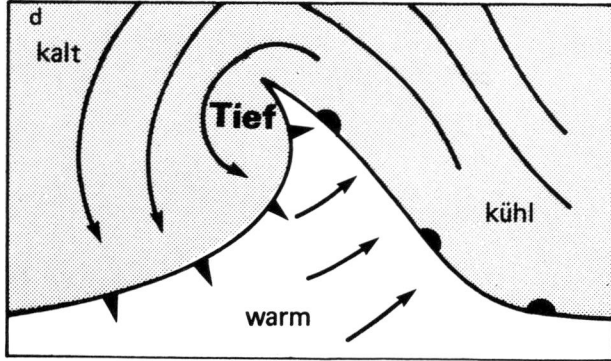

Entstehung eines Tiefs (Draufsicht)

Vorderkante, an der es zu Frontgewittern kommen kann. Begleitet von starken Aufwinden und gefährlichen Turbulenzen sinkt die Wolkenbasis rasch ab und es setzt Niederschlag ein, heftiger, aber kürzer als bei der Warmfront.

Holt die schnellere Kaltfront die langsamere Warmfront ein, Okklusion, treten die Wettererscheinungen beider Fronten gleichzeitig auf.

Das Hoch

Zu unterscheiden ist das Zwischenhoch vom Zentralen Hoch. Das Zwischenhoch mit wechselnden Windverhältnissen ist zwischen zwei Tiefs eingelagert und hält auf Grund seiner Wanderung nicht lange an. Das zentrale Hoch mit schwächeren Winden bleibt meist für mehrere Tage wetterbestimmend. Das Zwischenhoch entsteht wie das Tief an der Scherfläche von Warm- und Kaltluft, Hochdruckkeil. Das zentrale Hoch stammt meist aus dem Hochdruckgürtel, der am Breitengrad der Azoren verläuft, Azorenhoch.

Im Hochdruckgebiet sinkt die Luft großflächig ab und erwärmt sich dabei. Der Absinkvorgang reicht im Hochdruckzentrum bis Bodennähe hinunter. Wo der Absinkvorgang endet, bildet sich die Absinkinversion. Oberhalb der Inversion hat die durch den Absinkvorgang erwärmte und trockene Luft die Wolken aufgelöst und läßt keine neue Wolkenbildung zu. Unterhalb der Inversion kann durch die ungehinderte Sonneneinstrahlung Thermik entstehen. Der Aufstieg der Thermik wird oben begrenzt durch die Inversion, die als Sperrschicht wirkt. Liegt die Sperrschicht ausreichend hoch, können sich unterhalb der Sperrschicht Cumuluswolken bilden.

Der Föhn

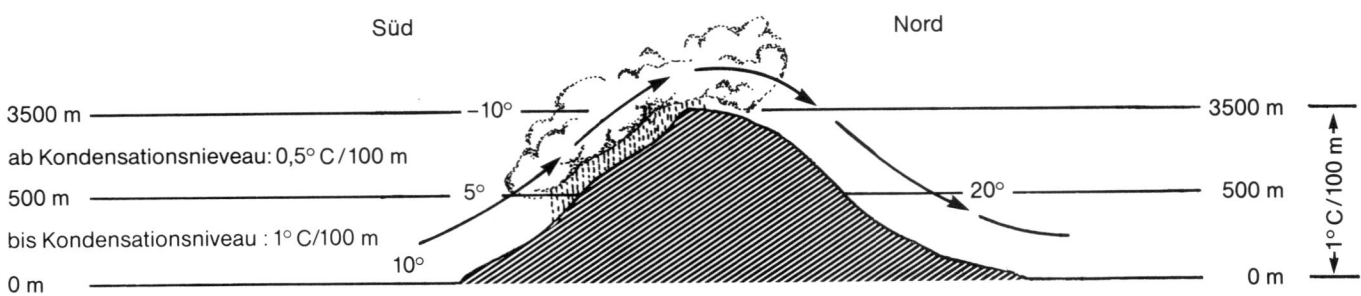

Süd   Nord

3500 m   −10°   3500 m

ab Kondensationsnieveau: 0,5° C / 100 m

500 m   5°   20°   500 m

bis Kondensationsniveau : 1° C/100 m

          10°

0 m   0 m

1° C/100 m

Eine spezielle und für Gleitsegler gefährliche Wetterscheinung entsteht an den Alpen, der Föhn. Ein westliches Tief und ein östliches Hoch steuern feuchte Luftmassen aus dem Mittelmeerraum gegen die Alpen. Beim Aufsteigen kühlt die Luft ab und der Wasserdampf kondensiert. Es bildet sich Staubewölkung meist mit Niederschlag. Der Aufstieg auf der Südweite vollzieht sich großenteils innerhalb der Staubewölkung und die Abkühlung beträgt daher nur 0,6 Grad pro 100 m. Der Abstieg der Luft auf die Alpen-

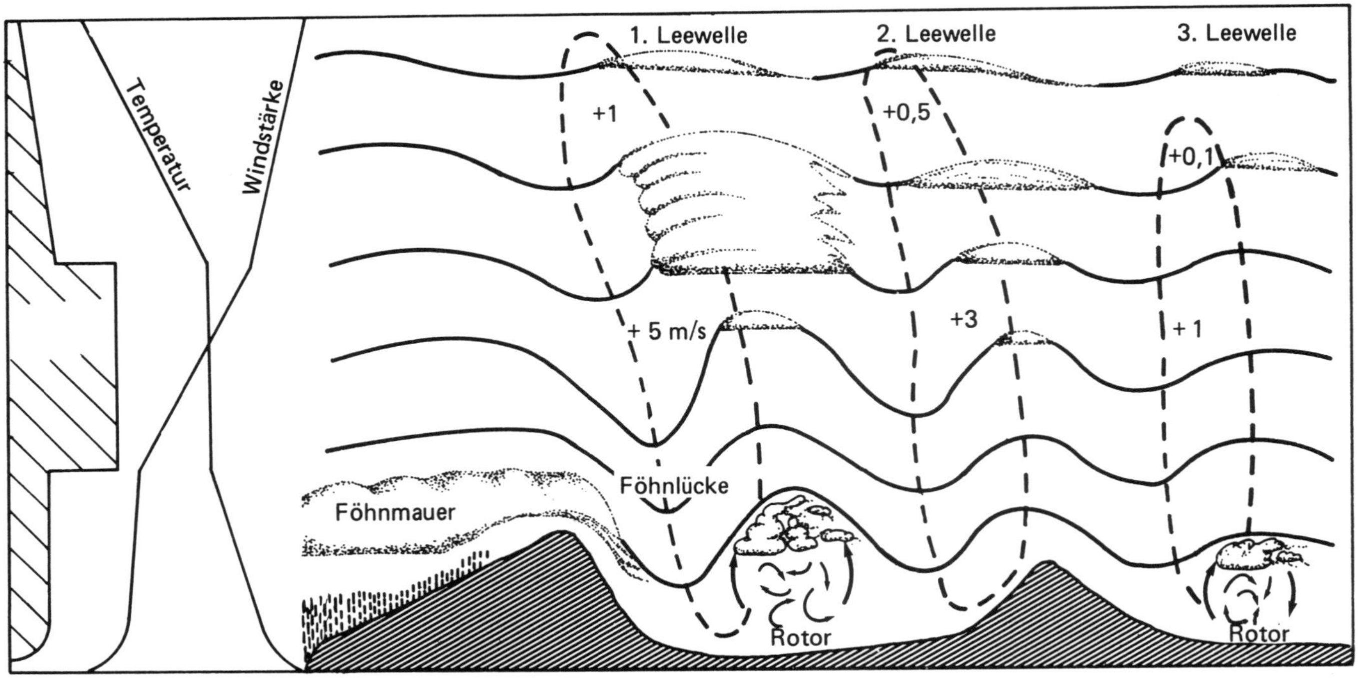

Temperatur   Windstärke

1. Leewelle   2. Leewelle   3. Leewelle

+1   +0,5   +0,1

+ 5 m/s   +3   +1

Föhnlücke

Föhnmauer

Rotor   Rotor

nordseite vollzieht sich außerhalb der Bewölkung. Die Lufttemperatur nimmt beim Abstieg um 1 Grad Celsius pro 100 m zu. Nach ihrem Abstieg auf der Nordseite ist die Luft wärmer als vor ihrem Aufstieg auf der Südseite.

Typisches Kennzeichen für Föhnlagen sind die Linsenwolken Lenticularis. Wenn die Strömung über die Alpen bei hoher Geschwindigkeit in Wellen gerät, kondensieren die Luftteilchen beim Aufstieg am Wellenberg für eine kurze Wegstrecke und es entsteht die ortsfeste Föhnwellenwolke, wegen ihrer Form Linsenwolke genannt. Die Wellenbewegung der Luftströmung erzeugt unterhalb im Talbereich den Föhnrotor,

der nicht am Geländeverlauf erkennbar ist und eine zusätzliche Gefahr für Föhnflüge darstellt.

Föhn – Abwind – Turbulenzen

Weiteres Kennzeichen ist die klare, trockene Luft mit guter Fernsicht. Bei den Niederschlägen auf der Alpensüdseite wurden die Staubpartikel als Kondensationskerne von den Regentropfen gebunden und durch das Abregnen aus der Luft herausgewaschen. Die Föhnluft gelangt in gereinigtem Zustand auf die Alpennordseite.

Foto: Günter Kozeny

Wettervorhersagen

Dienststelle des Deutschen Wetterdienstes	Vorhersage-bereich	Anrufbeantworter			Rundfunk			Bemerkungen
		Telefon-Nummer	Wochen-tag	gewöhn-liche Zeit	Station Progr.	Wochen-tag	Ausstr.-Zeit	
Flugwetterwarte Bremen	Weser Emsgebiet				Bremen 1	SA SO	0730	nach den Nach-richten
Flugwetterwarte Düsseldorf	Nordrhein-Westfalen	0211–11506	täglich	0700 1100 1700				
Wetteramt Essen	Nordrhein-Westfalen				WDR 2	FR	1800	
Flugwetterwarte Frankfurt	Hessen Rheinland-Pfalz Saargebiet	0611–11506	täglich	0800 1200 1800	HR 3 Saarland-welle	täglich	0630	
Flugwetterwarte Hamburg	Schleswig-Holstein / Lüneburger Heide	040–11506	täglich	0630 1100 1600 1900				
Regionale Vorhersage-zentrale Hamburg	Schleswig-Holstein und Niedersachsen				NDR 2	SA SO	0730	Hinweise im Rahmen des Urlaubswetter-berichts FR 22.05
Flugwetterwarte Hannover	Niedersachsen östlich der Weser	0511–11506	täglich	0845 1400 2115				
Flugwetterwarte München	Bayern	089–11506	täglich	0800 1600	BY 2	täglich	0800	nach den Nach-richten
Flugwetterwarte Nürnberg	Bayern	0911–11506	täglich	0730 1730				
Flugwetterwarte Stuttgart	Baden-Württem-berg Pfalz	0711–11506	täglich	0730	SWF 3 S1	SA, SO SA, SO	0755 0805	

Sicherheitsvorkehrungen

Ist Gleitsegeln gefährlich?
Ja, wenn der Pilot im Vertrauen auf sein Glück sich nicht bemüht, Risiken zu erkennen oder wenn er erkannte Risiken ignoriert.
Nein, wenn der Pilot die einzelnen Risikobereiche kritisch nach möglichen Unfallursachen absucht, diese unvoreingenommen auf ihren Risikogehalt hin prüft, die notwendigen Sicherheitsvorkehrungen trifft und das Ergebnis vorbehaltlos seiner Startentscheidung zugrunde legt.

Die Aufteilung des gesamten Gefahrenkomplexes in einzelne Risikobereiche soll dem Piloten eine Denkhilfe sein, auf Grund eigener systematischer Überlegungen an Hand der einzelnen Gefahrenquellen die entsprechenden Schutzvorkehrungen herauszufinden. In diesem Sinne haben auch die Aufzählungen innerhalb der Risikobereiche nur Beispielscharakter – freilich unter dem Gesichtspunkt der Häufigkeit und des Risikogehalts zusammengestellt.

Fluggerät

Ein Teil der Unfälle läßt sich auf das Fluggerät zurückführen, meist im Zusammenwirken mit Flugfehlern und schwierigen Windverhältnissen. Die Gefahrenquellen sind weitgestreut, können aber durch Sicherheitsvorkehrungen fast völlig ausgeschaltet werden.

Ein »falsches« Gleitsegel überfordert den Piloten:
◆ Die Geräte-Klassifizierung muß dem Ausbildungs- und Könnensstand des Piloten entsprechen.
◆ Die Fläche muß auf das Körpergewicht des Piloten abgestimmt sein.
◆ Die Bremsleineneinstellung an Hand der Betriebsanleitung unter Einbeziehung des verwendeten Gurtzeugs und der eigenen Körpergröße muß überprüft und nachjustiert sein.

Sämtliche Änderungen an Leinen und Gurten beeinflussen das Flugverhalten:
◆ Bei Veränderung der Steuerleinen sowie nach jeder Reparatur das Gleitsegel wieder einfliegen.
◆ Das Einfluggelände muß hindernisfrei sein und darf hinsichtlich Gefälle und Bodenart auch bei Fehlstarts und Absturz keine ernsten Schäden erwarten lassen.
◆ Veränderungen am Gerät stets nacheinander vornehmen, um die Häufung mehrerer Fehler zu vermeiden.

Ein ungewohnter Gleitsegeltyp provoziert Flugfehler:
◆ Die ersten Flüge mit einem fremden Gerät am Übungshang durchführen.

Gefährliche Konstruktionsfehler sind bei zugelassenen Geräten nicht zu erwarten. Diese Erwartung setzt voraus:
◆ Keinesfalls den Segelschnitt oder die Leinenlängen verändern oder andere Modifikationen der Gleitsegelkonstruktion vornehmen.
◆ Beim Kauf eines gebrauchten Gleitsegels sich vergewissern, daß keine Veränderungen vorgenommen sind.

> Jede derartige »Verbesserung« hat unabsehbare Konsequenzen für Aerodynamik und Festigkeit.

Materialschäden und -schwächen zeigen sich meist erst bei Höchst- oder Dauerbelastung:
◆ Nach jeder schweren Beanspruchung und in regelmäßigen Zeitabständen den Materialcheck durchführen.
◆ Leinen mit Knick, Faserriß oder Dehnung erneuern bzw. erneuern lassen. Leinen keinesfalls knoten!
◆ Beim Segel besonders auf ausgerissene Nähte achten, bei den Tragegurten und beim Gurtzeug auf Ösen, Nähte und Scheuerstellen.
◆ Den Rettungsschirm in den vorgeschriebenen Zeitintervallen lüften und packen. Zusätzlich die Verbindungsleine kontrollieren.
◆ Das Gleitsegel trocken lagern und es besonders bei Transport, Auslegen und Packen schonen.

Das Gleitsegel ist nur beschränkt schleppstarttauglich. Schleppstart bedarf der speziellen Prüfung und Zulassung.

> Keinesfalls Autoschlepp. Höchste Lebensgefahr!

Foto: Günter Kozeny

Startplatz und Fluggelände

Geländebedingte Überraschungen sind vermeidbar und ungünstige Geländeverhältnisse kalkulierbar:

◆ Der Startplatz muß unbedingt einen gefahrlosen Startabbruch ermöglichen. Die Neigung soll oben für die Aufstellphase relativ flach sein und dann in den steileren Starthang übergehen.
◆ Der Platz für das Auslegen des Gleitsegels soll frei von Steinen und Zweigen sein, damit sich die Fangleinen nicht verhängen.
◆ Die Anlauffläche soll keine Mulden und Hindernisse aufweisen.
◆ Vorsicht bei Drachen-Startrampe vor Verfangen der Leinen.
◆ Beim Schneisenstart ist mit Turbulenzen und Windscherung besonders in Wipfelhöhe zu rechnen.
◆ Beim Laufstart im Schnee ist vorher die Anlaufbahn festzustampfen. Startabbruch oder Fehlstart können im Schnee fatal enden, wenn der Pilot den Abhang hinabrutscht und sich im rutschigen Segel verwickelt.

Kein Klippenstart!

Für das gesamte Gelände gilt:

◆ Objektiv und neutral das Gelände beurteilen, sich nicht von Fluglust und Meinungsdruck anderer zu Fehlbeurteilungen hinreißen lassen.
◆ Den Landeplatz vorher besichtigen und sich dabei vor allem Zäune, Leitungen und andere aus der Luft nur schwer sichtbare Hindernisse genauestens einprägen.
◆ Das zu überfliegende Gelände insbesondere nach Leitungen und Seilen absuchen. Materialbahnen haben meist keine Stützen, die Seile heben sich vom Gelände nicht ab!

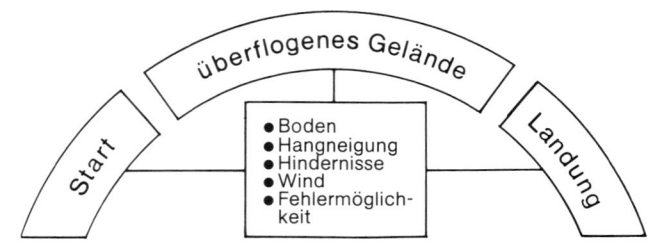

Persönliche Ausrüstung

Kein Pilot ist gegen Verletzungen gefeit. Ungeeignetes Schuhwerk verursacht Knöchelverletzungen. Die Schuhe sollten daher
◆ den Knöchel stützen;
◆ rutschfeste Sohlen haben.

Hautabschürfungen werden verhindert oder gemindert durch
◆ feste, körperbedeckende Kleidung;
◆ Handschuhe.

Besonderer Verletzungsgefahr – Beispiel: Fehlstart und Crash in felsigem Gelände – ist der Kopf ausgesetzt:

Nie ohne Helm fliegen!

Der Helm
◆ soll der Flughelm-Norm oder in der Belastbarkeit einem Motorradhelm entsprechen;
◆ soll möglichst weite Teile des Kopfes bedecken;
◆ muß das Sichtfeld freilassen, auch nach unten;
◆ muß die Hörfähigkeit des Piloten gewährleisten.

Sehen die Piloten die Seile?

Verhalten in der Natur

Der Schutz von Natur und Landwirtschaft ist den Drachen- und Gleitschirmfliegern als Naturliebhabern ein besonderes Anliegen und dient der Erhaltung der Fluggelände.

1. Fahrgemeinschaften bilden; die Möglichkeiten des öffentlichen Verkehrs nutzen.

2. Informationen über örtliche Schutzgebiete einholen.

3. Beim Anmarsch zum Startplatz stets den gleichen Weg benutzen, das Wild wird sich dann an die »Gäste« gewöhnen.

4. Im Gelände keinen Lärm machen.

5. Vieh und Wild nicht in geringer Höhe überfliegen; grundsätzlich großen Bodenabstand halten.

6. Besondere Rücksicht im Frühjahr und Frühsommer nehmen, in der Zeit der »Kinderstube« im Wald.

7. Erosionsgefährdete Zonen keiner unnötigen Trittbelastung aussetzen, die Pflanzen schonen.

8. Landungen auf ungemähten Wiesen und nicht abgeernteten Feldern vermeiden; im Notfall am Rand landen.

9. Den Drachen oder Gleitschirm nicht im hohen Gras zusammenlegen.

10. Zuschauer fernhalten.

11. Keine Abfälle am Start- und Landeplatz liegenlassen.

Wetterbedingungen

Das Gleitsegel ist besonders windanfällig:

◆ Am Startplatz Windgeschwindigkeits- und Windrichtungsanzeiger anbringen.
◆ An der Hangkante Vorsicht vor Leewalze, die den bereits aufgestellten Schirm wieder einfallen läßt.
◆ Den Landeplatz mit Windsack oder Windfahne ausstatten, die möglichst vom Startplatz aus bereits erkennbar sind.
◆ Nicht mit Rückenwind oder Fallwind starten, keine Starts bei Starkwind, starken Böen oder Turbulenzen; Vorsicht bei Seitenwind.
◆ Zwischen den Starts kurz warten wegen turbulenter Wirbel vom vorher gestarteten Gleitsegel.
◆ Keinesfalls mit Rückenwind landen.

Während des Fluges muß der Pilot mit überraschenden Windverhältnissen rechnen, daher:

◆ Vor dem Start mit Hilfe von Windrichtung, Windgeschwindigkeit, Gelände, Temperatur, Wolken usw. die voraussichtlichen Windverhältnisse im gesamten Luftraum beurteilen und bei der Flugplanung verwerten.
◆ Abwindgebiete und Turbulenzzonen meiden.
◆ Bei unruhigen Windverhältnissen die Bremsen gespannt halten und bereit sein, den Schirm aktiv mit den Bremsen zu stabilisieren.

Vorsicht! Die Windstärke unten kann stärker sein als oben am Start.

Nebel, Wolken und dichter Niederschlag machen den Piloten blind und für andere »unsichtbar«.

Wolkenfenster genügen nicht. Kein Flug ohne dauerhafte Erdsicht.

Gewitter können das Gleitsegel in die Wolke saugen und am Boden turbulenten Starkwind auslösen.

Kein Start bei Gewitterneigung.

Gefährdung anderer

Der Gleitsegelsport bietet für andere Personen nicht nur einen schönen Anblick, sondern stellt auch eine Gefahr dar, die in manchen Fällen zur Verärgerung über »die Gleitsegler« führt:

◆ Keine Flüge über oder in unmittelbarer Nähe von Wohngebieten oder Menschenansammlungen, besondere Vorsicht bei Veranstaltungen.
◆ Die Nähe stark frequentierter oder mit hoher Geschwindigkeit befahrener Straßen meiden. Jedenfalls die vorgeschriebenen Mindestabstände zu Autobahnen, anderen befahrenen Straßen und Eisenbahnen sowie zu Skipisten, Liften und Bergbahnanlagen einhalten.
◆ Start- und Landefläche – eventuell mit Hilfe von Absperrungen und Warntafeln – von Menschen freihalten.
◆ Sofort nach der Landung das Gerät aus dem Landebereich entfernen.

Flugplanung

Mangelhafte Flugplanung und -einteilung führt beim Gleitsegeln wegen der begrenzten Reichweite oft zu unkalkulierbaren Notlandungen:

◆ Unbedingt vor dem Start die Flugroute festlegen, unter Berücksichtigung von Geländegefälle und Gerätegleitwinkel, erwarteten und ungünstigen Windverhältnissen, Geländeform, Hindernissen, Not- und Außenlandemöglichkeiten, Flugtechnik des Piloten.
◆ Frühzeitig und mit möglichst großer Höhenreserve die Landeeinteilung planen.
◆ Geplante Flugroute und Landeeinteilung einhalten.

Hilfeleistung

Während die bisherigen Sicherheitsvorkehrungen hauptsächlich der Verhinderung von Unfällen und Verletzungen galten, geht es nunmehr um Unfallrettung und -versorgung:

◆ Bei jedem Start sollte eine zur Hilfeleistung bereite und fähige Person anwesend sein.
◆ Bei vermißten Piloten sofort die Suche einleiten; nicht bis zum Abend abwarten!
◆ An Start- und Landeplatz hat je eine Sanitätsgrundausstattung bereitzuliegen.
◆ Jeder Pilot muß mindestens über eine 6stündige Ausbildung in »Sofortmaßnahmen am Unfallort« verfügen, Fluglehrer über eine 16stündige Ausbildung in Erster Hilfe.

Foto: Klaus Tänzler

Verfassung des Piloten

Das Gleitsegel stellt hohe Anforderungen an den Kreislauf, an die Konzentrationsfähigkeit und an die Reaktionsfähigkeit, die bloße Muskelkraft ist untergeordnet. Diese Belastungen sind besonders hoch beim Start, in schwierigen Flugsituationen und vor der Landung. Selbst geringfügige Unpäßlichkeiten können zum Unfall führen:

◆ Keine Übermüdung vor dem Start.
◆ Nicht unter Alkohol- oder Medikamenteneinfluß fliegen.
◆ Nicht mit einem »Kater« an das Gleitsegel.
◆ Persönliche Wetterfühligkeit und Krankheitsnachwirkungen (Grippe!) berücksichtigen.
◆ Erkältungskrankheiten stören den Druckausgleich im Kopf.

Genauso wichtig ist die psychische Verfassung. Psychische Belastung schränkt die Urteilsfähigkeit ein, führt zu Fehlbeurteilungen, beschränkt die Konzentrations- und Reaktionsfähigkeit. Der Pilot muß sich frei von psychischer Belastung fühlen. Belastungsmöglichkeiten sind:

◆ Beruflicher Streß und Unstimmigkeiten in den persönlichen Beziehungen.
◆ Zeitnot und Hetze, besonders bei der Flugvorbereitung.
◆ Massive, oft verdrängte Angstzustände.
◆ Ärger und Aggressionsgefühle.
◆ Alkoholkonsum.
◆ Druck von Zuschauern, Fliegerkameraden und anderen Außenstehenden.
◆ Drang nach Selbstbestätigung.
◆ Spannungszustand vor dem ersten Höhenflug.

Gleitsegler genießen den Ruf eines besonderen Mutes. Aber: Mutig ist nicht, wer ohne Bedenken oder mit angstnassen Händen an den Start geht. Mut hat, wer nach kritischer Beurteilung aller äußeren Umstände und seines persönlichen Könnens sein Gleitsegel wieder einpackt. Es zählt nicht der Mut zum Fliegen, sondern der Mut zur richtigen Entscheidung; denn Erwartungen von Zuschauern und anderen Außenstehenden – aber auch der Drang nach Selbstbestätigung – stempeln die richtige Entscheidung zur Feigkeit.

Nie gegen eigene Bedenken starten.

Foto: Günter Kozeny

LUFTRECHT

Der Luftraum über der Bundesrepublik Deutschland ist so stark frequentiert wie kaum über einem anderen Staatsgebiet. Liniengesellschaften aus allen Ländern fliegen die deutschen Flughäfen an. Militärflugzeuge der Bundesluftwaffe und der NATO-Streitkräfte kreuzen im Tiefflug über dem ganzen Bundesgebiet. Und die sogenannte Allgemeine Luftfahrt – vor allem der Luftsport mit Motorfliegern, Segelfliegern, Motorseglern, Ballonfahrern, Ultraleichtfliegern, Hängegleitern, Gleitseglern, Fallschirmspringern und Modellfliegern – ist in keinem vergleichbaren Land zahlenmäßig so stark und flächenmäßig so beengt. Um den Luftraum für alle Beteiligten zugänglich zu machen und gleichzeitig ein gefährliches Durcheinander zu vermeiden, gibt es das Luftrecht – zum Schutz der Luftverkehrsteilnehmer und der Bevölkerung.

Die modernen Luftsportarten Ultraleichtfliegen, Hängegleiten und Gleitsegeln haben bei ihrer Entstehung zwischen der Mitte der 70er und dem Ende der 80er Jahre ein fertiges und auf die vorhandenen Luftraumbenutzer zugeschnittenes Rechtssystem angetroffen. Ihre speziellen Bedürfnisse wurden zunächst vom Bundesminister für Verkehr durch Verwaltungsvorschriften mit dem Kernstück »Allgemeinverfügung« geregelt und schließlich 1992 in das allgemeine Luftrecht eingebaut. Diese Entstehungsgeschichte hat die Möglichkeit eröffnet, im Zusammenwirken von Behörden und Pilotenverband neue Wege des Luftrechts zu gehen und in weiten Bereichen mehr Freiheiten zu genießen als die traditionellen Luftsportarten – Beispiele: Unbefristeter Luftfahrerschein, Befreiung von der fliegerärztlichen Tauglichkeitsuntersuchung, Befreiung von der Verkehrszulassung für das Fluggerät, sportliche Selbstverwaltung.

Die Darstellung des Luftrechts in diesem Buch beschränkt sich auf die Bestimmungen, die für den normalen Übungsbetrieb und für die Prüfungsvorbereitung zum beschränkten Luftfahrerschein wichtig sind. Weitergehende Kenntnisse des Luftrechts und der Luftraumgliederung vermitteln die Bücher »Gleitschirmsegeln für Meister« und »Drachenfliegen für Meister«.

Rechtsvorschriften

Das »Luftrecht« ist ein Mosaik aus verschiedenen luftrechtlichen Vorschriften mit Rangfolge: Zuoberst das Luftverkehrsgesetz, dann die Rechtsverordnungen und schließlich die Verwaltungsvorschriften.

Das Luftverkehrsgesetz

Gesetzliche Basis des Luftverkehrs in Deutschland ist das Luftverkehrsgesetz (LuftVG). Zusammen mit den Sprungfallschirmen und Ultraleichtflugzeugen gehören Gleitsegel und Hängegleiter zur Gruppe der »Luftsportgeräte« und sind damit Luftfahrzeuge im Sinne des Luftverkehrsgesetzes.

LuftVG § 1 **[Freiheit des Luftraums; Begriff des Luftfahrzeugs]** (1) Die Benutzung des Luftraums durch Luftfahrzeuge ist frei, soweit sie nicht durch dieses Gesetz und durch die zur Durchführung dieser Gesetze erlassenen Rechtsvorschriften beschränkt wird.
(2) Luftfahrzeuge sind
1. Flugzeuge
2. Drehflügler
3. Luftschiffe
4. Segelflugzeuge
5. Motorsegler
6. Frei- und Fesselballone
7. Drachen
8. Rettungsfallschirme
9. Flugmodelle
10. Luftsportgeräte
11. sonstige für die Benutzung des Luftraums bestimmte Geräte.
□□□

Im Gesetz sind die übergeordneten Grundsätze festgelegt, insbesondere, daß das Gerät der Zulassung bedarf, der Pilot den Luftfahrerschein benötigt, der Gerätehalter eine Haftpflichtversicherung abzuschließen hat und die Fluggelände zugelassen sein müssen.

Rechtsverordnungen

Wichtige Einzelheiten für die Durchführung des Luftverkehrsgesetzes sind in den Rechtsverordnungen geregelt. Im Unterschied zum Gesetz, das vom Deutschen Bundestag zu beschließen ist, werden die Rechtsverordnungen vom Bundesminister für Verkehr erlassen.

Die **Luftverkehrs-Zulassungs-Ordnung (LuftVZO)** ist die zentrale Vorschrift für die Verwaltungsverfahren. Dort ist beispielsweise festgelegt, wer die Musterzulassung für das Gerät und den Luftfahrerschein für den Piloten erteilt. Die technischen und die ausbildungsmäßigen Inhalte sind in speziellen Rechtsverordnungen festgelegt, hauptsächlich in den Bauvorschriften und in der Verordnung für Luftfahrtpersonal.

Die **Luftverkehrs-Ordnung (LuftVO)** beantwortet die Frage, »wie« der Flugbetrieb abzuwickeln ist, beispielsweise wie die Luftfahrzeuge einander auszuweichen haben. Die Luftverkehrs-Ordnung gilt allgemein für alle Luftfahrzeugarten; zusätzliche Regeln enthält die Flugbetriebsordnung für Hängegleiter und Gleitsegel.

Die **Verordnung über Luftfahrtpersonal (LuftPersV)** beschreibt die Ausbildung und Prüfung der Piloten und Fluglehrer, beispielsweise die Mindestflugzahlen und die Zusammensetzung des Prüfungsrats.

Die **Betriebsordnung für Luftfahrtgerät (LuftBO)** befaßt sich mit der Verantwortung des Luftfahrzeughalters für die Betriebstüchtigkeit seines Fluggerätes, beispielsweise für die Ausführung einer Lufttüchtigkeitsanweisung des Beauftragten.

Die **Kostenverordnung der Luftfahrtverwaltung (LuftKostV)** ist die Grundlage für alle Gebühren, beispielsweise für die Pilotenprüfung und die Ausstellung des Luftfahrerscheins.

Weitere Rechtsverordnungen wenden sich an die Hersteller (Prüfungsordnung für Luftfahrtgerät – Luft-GerPO, Bauordnung für Luftfahrtgerät – LuftBauO und Bauvorschriften) und an die Flugschulen (Vorschriften für Luftfahrerschulen als Anlage zur LuftVZO).

Verwaltungsvorschriften

Regelungsbedürftige Lücken in den Rechtsverordnungen werden durch Verwaltungsvorschriften geschlossen. Sie können – Beispiel die frühere Allgemeinverfügung – wie eine Gesetzesvorschrift für jedermann gelten.

In den **Ausbildungs- und Prüfungsrichtlinien** bestimmt der Bundesminister für Verkehr die Einzelheiten des Theoriestoffs und des Prüfungsablaufs, beispielsweise mit welcher Prozentzahl richtiger Antworten die Theorieprüfung bestanden ist.

Die **Prüffragenkataloge** enthalten die Fragen und Antwortalternativen, die bei der schriftlichen Theorieprüfung verwendet werden können.

In der **Geländerichtlinie** schreibt der Bundesminister für Verkehr die Beurteilungskriterien für die Zulassung der Fluggelände vor, beispielsweise die Mindeststrecke für die Schleppgelände.

Die **Flugbetriebsordnung für Hängegleiter und Gleitsegel** ergänzt die Luftverkehrsordnung, beispielsweise durch Regelung der Startleitertätigkeit und des Schleppbetriebs. Sie wird vom Beauftragten erlassen.

LuftVO § 21 a **[Flugbetrieb]** □ □ □ (4) Auf Flugplätzen oder Geländen, die ausschließlich dem Betrieb von Luftsportgeräten dienen, gelten die Regelungen der Flugbetriebsordnung für Luftsportgeräte des Beauftragten. □ □ □

Straf- und Bußgeldvorschriften

Als Straftaten sind die schweren und für andere Personen gefährliche Verstöße eingestuft, teils nach dem Strafgesetzbuch, beispielsweise wegen Trunkenheit im Luftverkehr, teils nach dem Luftverkehrsgesetz, beispielsweise wegen Fliegen ohne Luftfahrerschein oder Ausbilden ohne Lehrberechtigung. Zuständig sind Staatsanwalt und Gericht. Straftaten sind mit Freiheits- oder Geldstrafe bedroht.

Unter Ordnungswidrigkeiten fallen die einfacheren Verstöße, wie Benutzung eines Fluggeräts ohne ordnungsgemäße Prüfplakette oder fehlender Versicherungsschutz. Die Ordnungswidrigkeiten sind im Luftverkehrsgesetz und in den einzelnen Rechtsverordnungen aufgelistet und werden mit Bußgeld geahndet.

LuftVG § 58 **[Ordnungswidrigkeiten]** (1) Ordnungswidrig handelt, wer vorsätzlich oder fahrlässig
□ □ □
10. einer auf Grund des § 32 erlassenen Rechtsvorschrift zuwiderhandelt, wenn die Rechtsvorschrift ausdrücklich auf diese Bußgeldvorschrift verweist,
□ □ □
(2) Die Ordnungswidrigkeit □ □ □ kann mit einer Geldbuße bis zu zehntausend Deutsche Mark □ □ □ geahndet werden.

Zuständige Stellen

Die Zuständigkeiten in der Luftfahrtverwaltung sind im Luftverkehrsgesetz und in den Rechtsverordnungen festgelegt. Es gibt Bundes- und Länderbehörden, außerdem auf Bundesebene die privatrechtlichen Beauftragten.

Behörden und Dienste

Der **Bundesminister für Verkehr (BMV)** ist die oberste Luftfahrtbehörde in Deutschland. Er hat die Verwaltung der Luftsportgeräte auf die Sportverbände als »Beauftragte« übertragen.

Die **Regierungspräsidien (RP)** der Länder bzw. bei einzelnen Ländern die Minister, Senatoren oder Luftämter sind bei den Luftsportgeräten nur für einzelne Sachbereiche zuständig, beispielsweise für die Erweiterung der Genehmigung eines Segelflugplatzes auf Hängegleiter- und Gleitsegelschlepp.

Das **Luftfahrt-Bundesamt (LBA)** ist dem Bundesminister für Verkehr unmittelbar unterstellt. Als Gleitsegel- oder Hängegleiterpilot kommt man mit dem Luftfahrt-Bundesamt bei einem Unfall in Berührung, außerdem bei einer Ordnungswidrigkeit als Bußgeldbehörde und als Widerspruchsbehörde über Entscheidungen des Beauftragten.

Die **Deutsche Flugsicherung GmbH (DFS)** mit den »Fluglotsen« ist die frühere Bundesanstalt für Flugsicherung in privater Rechtsform und für die Kontrolle des Luftverkehrs zuständig. Sie hat ihre Zentrale in Frankfurt und Dienststellen an den deutschen Flughäfen.

Der **Such- und Rettungsdienst (SAR** = Search and Rescue**)** ist zu benachrichtigen, wenn ein Luftfahrzeug Hilfe benötigt. Die Alarmierung des SAR-Dienstes erfolgt durch die Flugsicherungsstellen oder durch Rettungsorganisationen wie das Rote Kreuz und die Bergwacht. SAR-Hubschrauber haben meistens eine Aufzugswinde für Bergungen in schwer zugänglichem Gelände an Bord.

Weitere Dienste sind der Flugberatungsdienst (AIS), der Fluginformationsdienst (FIS) und die Flugwetterberatung des Deutschen Wetterdienstes (DWD).

Beauftragter

Für den Bereich Gleitsegeln und Hängegleiten hat der Bundesminister für Verkehr den Deutschen Hängegleiterverband e. V. (DHV) beauftragt.

LuftVG § 31 c **[Beauftragung von Verbänden]** □□□
1. Musterzulassung (§ 2),
2. Erteilung der Erlaubnis für Luftfahrtpersonal (§ 4),
3. Erteilung der Erlaubnis für die Ausbildung (§ 5),
4. Erteilung der Erlaubnis zum Starten und Landen außerhalb der genehmigten Flugplätze (§ 25) für nicht motorgetriebene Luftsportgeräte,
5. Aufsicht über den Betrieb von Luftsportgeräten auf Flugplätzen und Geländen, wenn beide ausschließlich dem Betrieb von Luftsportgeräten dienen (§ 29 Abs.1),
6. Erhebung von Kosten nach der Kostenordnung der Luftfahrtverwaltung.

LuftVG § 31 d **[Verfahrensweise des Beauftragten]** □□□
(2) Die Beauftragten nach den §§ 31 a und 31 c arbeiten nach den Richtlinien des Bundesministers für Verkehr □□□
(3) Die Beauftragten wenden das Verwaltungsverfahrensgesetz, das Verwaltungskostengesetz, das Verwaltungszustellungsgesetz und das Verwaltungsvollstreckungsgesetz an □□□
(4) Gegen die Entscheidungen des Beauftragten im

Rahmen seines Auftrags ist der Widerspruch statthaft. Hilft der Beauftragte nicht ab, so entscheidet die Aufsichtsbehörde. In den Fällen der §§ 31 b und 31 c ist die Klage gegen die Bundesrepublik Deutschland, vertreten durch den Beauftragten, zu richten □ □ □

Der genaue Umfang der Beauftragung ist in den Rechtsverordnungen und in den Verwaltungsvorschriften festgelegt. Der Deutsche Hängegleiterverband als Beauftragter für Hängegleiten und Gleitse-geln ist an diese Bestimmungen gebunden. Die Rechts- und Fachaufsicht über den Beauftragten obliegt dem Luftfahrt-Bundesamt.

In der **Informationsschrift** des Deutschen Hängegleiterverbandes werden für den Gleitsegel- und Hängegleiterpiloten wichtige Nachrichten wie Musterzulassungen und Lufttüchtigkeitsanweisungen veröffentlicht, entsprechend den Nachrichten für Luftfahrer (NfL) für die gesamte Luftfahrt.

Foto: Günter Kozeny

Fluggerät

Grundsätzlich muß jedes in Deutschland benutzte Fluggerät zugelassen sein. Der luftrechtliche Lebensweg des Gleitsegels und Hängegleiters, des Rettungsgeräts und des Schleppgeräts beginnt mit der Musterprüfung und der Musterzulassung. Die einzelnen Geräte des zugelassenen Musters werden, als Voraussetzung für die Benutzung in Deutschland, der Stückprüfung unterzogen und erhalten die DHV-Gütesiegelplakette. Während der Gebrauchsdauer ist das Gerät in lufttüchtigem Zustand zu halten. Gleitsegel (ohne Gurtzeug) und Schleppwinden bedürfen außerdem der regelmäßigen Nachprüfung. Luftsportgeräte dürfen nur für sportliche Zwecke genutzt werden.

Musterprüfung und Musterzulassung

Die technischen Untersuchungen erfolgen in der Musterprüfung. Bei einem positiven Prüfungsergebnis wird das Muster zum Betrieb zugelassen (Musterzulassung).

LuftVZO § 1 [**Musterzulassungspflicht**] (1) Luftfahrtgeräte, die der Musterzulassung bedürfen, sind
□ □ □
6a. Luftsportgeräte
8a. Rettungsgeräte für Luftsportgerät
9a. Schleppgeräte für Luftsportgerät
□ □ □

LuftVZO § 2 [**Zuständige Stellen für die Musterzulassung**] □ □ □ Die Musterzulassung der Luftsportgeräte wird von dem vom Bundesminister für Verkehr Beauftragten (Deutscher Hängegleiterverband) erteilt.

LuftGerPO § 1 [**Musterprüfpflicht**] (1) Die Verkehrssicherheit (Lufttüchtigkeit) des Luftfahrtgeräts □ □ □ wird durch Prüfungen nach dieser Verordnung festgestellt.
□ □ □

LuftGerPO § 6 [**Zuständige Stellen für die Musterprüfung**] (1) □ □ □ Die umfassende, vereinfachte und ergänzende Musterprüfung von Luftsportgerät werden von den vom Bundesminister für Verkehr Beauftragten durchgeführt.
□ □ □

LuftBauO § 2 [**Grundsätze für die Bauvorschriften**] Das Luftfahrtgerät und jedes seiner Teile müssen so gestaltet und ausgeführt sein, daß sie den besonderen Anforderungen im Hinblick auf die Sicherheit im Luftverkehr genügen und bei bestimmungsgemäßer Verwendung einwandfrei und zuverlässig arbeiten. Zur Erfüllung dieser Anforderungen müssen gewährleistet sein:
1. Sicheres Betriebsverhalten sowie ausreichende Betriebsleistungen und -eigenschaften;
2. ausreichende Festigkeit gegenüber statischen und dynamischen Beanspruchungen;
3. zweckentsprechende Gestaltung und Bauausführung;
□ □ □

LuftVZO § 99 [**Ausländische Luftfahrzeuge**]
□ □ □
(2) □ □ □ Ausländische nichtmotorgetriebene Luftsportgeräte, die von einem deutschen oder von einem ausländischen Staatsangehörigen mit ständigem Wohnsitz in der Bundesrepublik Deutschland betrieben werden, bedürfen der Musterzulassung. □ □ □

LuftBO § 24 [**Betriebsgrenzen für Luftfahrzeuge**]
(1) Ein Luftfahrzeug darf nur in Übereinstimmung mit den im zugehörigen Flughandbuch und in anderen Betriebsanweisungen angegebenen Leistungsdaten und festgelegten Betriebsgrenzen betrieben werden.
□ □ □

Foto: Michael Weingartner

Testflug durch DHV-Testpilot bei der Musterprüfung

LuftBO § 4 **[Zulässige Betriebszeiten]** (1) Für das Luftfahrtgerät oder seine Teile können von dem Luftfahrt-Bundesamt oder dem vom Bundesminister für Verkehr Beauftragten zulässige Betriebszeiten festgelegt werden, soweit dies zur Gewährleistung eines sicheren Betriebs erforderlich ist.
□ □ □

LuftGerPO § 13 **[Änderung des zugelassenen Musters]** □ □ □ (2) □ □ □ Änderungen eines zugelassenen Luftsportgerätemusters dürfen nur mit Zustimmung des Beauftragten durchgeführt werden. □ □ □

LuftGerPO § 14 **[Behebung von Mängeln des Musters]** (1) Werden beim Betrieb des zugelassenen Luftfahrtgeräts Mängel des Musters festgestellt, welche die Lufttüchtigkeit beeinträchtigen, ordnet die zuständige Stelle die zur Aufrechterhaltung der Lufttüchtigkeit notwendigen Maßnahmen an.
□ □ □

LuftVZO § 4 **[Erteilung und Widerruf der Musterzulassung]** (1) Die zuständige Stelle läßt das Muster eines Luftfahrtgeräts durch Erteilung eines Musterzulassungsscheines zu und legt das zugehörige Gerätekennblatt sowie die Betriebsgrenzen fest. Sie gibt die Musterzulassung in □ □ □ der Informationsschrift des Beauftragten bekannt. Die Musterzulassung kann mit Auflagen verbunden werden; bei nichtmotorgetriebenen Luftsportgeräten kann sie darüberhinaus beschränkt und befristet werden.
(2) Die Musterzulassung ist ganz oder teilweise zurückzunehmen, wenn die Voraussetzungen für ihre Erteilung nicht vorgelegen haben. Sie ist zu widerrufen, wenn die Voraussetzungen für ihre Erteilung nachträglich entfallen sind oder wenn festgestellte Mängel des Musters, welche die Lufttüchtigkeit einschränken, sich nicht durch die nach der Prüfordnung für Luftfahrtgerät zu treffenden Maßnahmen beheben lassen. Der Musterzulassungsschein ist einzuziehen.

Stückprüfung

Die Musterprüfung schützt den Piloten vor Konstruktionsfehlern, die Stückprüfung vor Herstellungsmängeln. Erst durch die Stückprüfung ist gewährleistet, daß der Pilot ein mustergerechtes Gerät erhält.

LuftGerPO § 16 **[Zuständige Stellen für die Stückprüfung]** □□□ (2) □□□ Die Stückprüfung von Hängegleitern und Gleitsegeln wird von dem Herstellerbetrieb für Luftsportgerät durchgeführt, der hierfür einer Anerkennung durch den Beauftragten bedarf; □□□

LuftGerPO § 21 **[Durchführung der Stückprüfung]** □□□ (3) In der Stückprüfung ist festzustellen, ob das Luftfahrtgerät mit dem Muster übereinstimmt und lufttüchtig ist, ob die nach dem Gerätekennblatt zu dem Gerät gehörenden Betriebsanweisungen vorhanden sind □□□

LuftGerPO § 24 **[Bescheinigung der Stückprüfung]** □ □ □ (5) Die ordnungsgemäße Durchführung der Stückprüfung eines Luftsportgerätes ist für Ultraleichtflugzeuge durch einen Prüfschein, für Hängegleiter und Gleitsegel durch eine Prüfplakette und für Sprungfallschirme durch einen Prüfstempel zu bescheinigen. Darin sind die Lufttüchtigkeit des Luftsportgeräts und die Übereinstimmung mit dem Muster festzustellen. Prüfplakette und Prüfstempel gelten als Prüfschein. Die Prüfplakette wird von dem Beauftragten ausgehändigt. Prüfplakette und Prüfstempel sind an dem Luftsportgerät dauerhaft anzubringen. Satz 1 bis 5 gelten sinngemäß für zugehörende Rettungs- und Schleppgeräte.

Nachprüfung

Äußerlich unbemerkt können Alterung und Verschleiß die Flugeigenschaften und die Festigkeit des Gerätes gefährlich verschlechtern. Die regelmäßigen Nachprüfungen sind wie weitere Stückprüfungen.

LuftGerPO § 26 **[Zweck und Arten der Nachprüfung]** (1) Die Aufrechterhaltung der Lufttüchtigkeit des Luftfahrtgeräts ist in Nachprüfungen festzustellen. ☐☐☐

LuftGerPO § 27 **[Nachprüfung in Zeitabständen]** (1) Das zum Luftverkehr zugelassene Luftfahrtgerät unterliegt in Zeitabständen von 12 Monaten einer umfassenden Nachprüfung, in der festzustellen ist, ob es noch lufttüchtig ist und den im zugehörigen Gerätekennblatt enthaltenen Angaben entspricht (Jahresnachprüfung). Nichtmotorgetriebene Luftsportgeräte unterliegen in Zeitabständen von 24 Monaten einer umfassenden Nachprüfung. ☐☐☐

(3) ☐☐☐ In begründeten Fällen kann der Beauftragte für Hängegleiter und Gleitsegel eine Verlängerung oder Verkürzung des Zeitabstandes nach Absatz 1 Satz 2 gewähren sowie Rettungs- und Schleppgeräte von der Nachprüfpflicht befreien.

Anmerkung: Für Ausbildungs-Gleitsegel ist der Zeitabstand auf 12 Monate verkürzt, für Hängegleiter bis zur erstmaligen Nachprüfung auf 60 Monate verlängert. Rettungsgeräte und Schleppklinken sowie Gurtzeuge als Teil des Fluggeräts sind von der Nachprüfpflicht befreit.

LuftGerPO § 29 **[Angeordnete Nachprüfung]** Werden beim Betrieb des zugelassenen Luftfahrtgeräts Mängel festgestellt, die seine Lufttüchtigkeit beeinträchtigen oder beeinträchtigen können, oder bestehen begründete Zweifel an der Lufttüchtigkeit des Luftfahrtgeräts, kann die zuständige Stelle die Nachprüfung des Luftfahrtgeräts anordnen. ☐☐☐

LuftGerPO § 30 **[Nachprüfung in besonderen Fällen]** ☐☐☐ (2) Die Überholung des Luftfahrtgeräts sowie große Reparaturen und große Änderungen unterliegen Nachprüfungen zur Feststellung der Lufttüchtigkeit des Luftfahrtgeräts und der Übereinstimmung mit den im zugehörigen Gerätekennblatt enthaltenen Angaben.

LuftGerPO § 31 **[Zuständige Stellen für die Nachprüfung]** (1) ☐☐☐ Die Nachprüfung von Hängegleitern und Gleitsegeln führt der Herstellerbetrieb für Luftsportgerät durch, der hierfür einer Anerkennung durch den Beauftragten bedarf; ☐☐☐

LuftGerPO § 39 **[Bescheinigung der Nachprüfung]** (1) Die ☐☐☐ Nachprüfung ☐☐☐ (ist) von der nach § 31 für die Nachprüfung zuständigen Stelle in einem Nachprüfschein, für Hängegleiter und Gleitsegel durch Prüfstempel zu bescheinigen. Der Prüfstempel gilt als Nachprüfschein; er wird von dem Beauftragten ausgehändigt und muß dauerhaft angebracht sein. In dem Nachprüfschein und dem Prüfstempel sind die Lufttüchtigkeit und die Übereinstimmung mit den im zugehörigen Gerätekennblatt enthaltenen Angaben festzustellen. Satz 1 bis 3 gelten sinngemäß für zugehörende Rettungs- und Schleppgeräte. ☐☐☐

Erhaltung der Lufttüchtigkeit

Grundsätzlich ist der Gerätehalter für den betriebssicheren Zustand des Fluggeräts verantwortlich, der Pilot für die sichere Bedienung des Fluggeräts. Entscheidend für den Gerätezustand sind die Instandhaltung mit Wartung, Überholung und Reparaturen und die Befolgung der Lufttüchtigkeitsanweisungen.

LuftBO § 6 **[Wartung]** Bei der Wartung des Luftfahrtgeräts sind durchzuführen:
1. Planmäßige Kontrolle und Arbeiten, die zur Aufrechterhaltung und Überwachung der Lufttüchtigkeit erforderlich sind;
2. nichtplanmäßige zusätzliche Arbeiten und kleine Reparaturen, die zur Behebung angezeigter Beanstandungen oder festgestellter Mängel erforderlich sind und mit einfachen Mitteln ausgeführt werden können. Dazu gehört der Einbau von geprüften Teilen im Austausch gegen überholungs-, reparatur- oder änderungsbedürftige Teile, wenn dies mit einfachen Mitteln möglich ist.

LuftB0 § 7 **[Überholung]** Hat ein Luftfahrtgerät die zulässige Betriebszeit nach § 4 erreicht oder sind bei seinem Betrieb Mängel festgestellt worden, die im Rahmen der Wartung nach § 6 nicht behoben werden können, ist das Gerät ganz oder teilweise zu überholen (Grund- oder Teilüberholung).

LuftBO § 8 **[Große Reparatur]** Hat ein Luftfahrtgerät einen Schaden erlitten, der im Rahmen der Wartung nach § 6 nicht einwandfrei behoben werden kann, ist eine große Reparatur durchzuführen.

LuftBO § 9 **[Durchführung der Instandhaltung]**
☐☐☐
(2) Wer eine Erlaubnis als Luftfahrzeugführer besitzt, kann an einem Luftfahrzeug, dessen Eigentümer oder Halter er ist und das nicht für die gewerbsmäßige

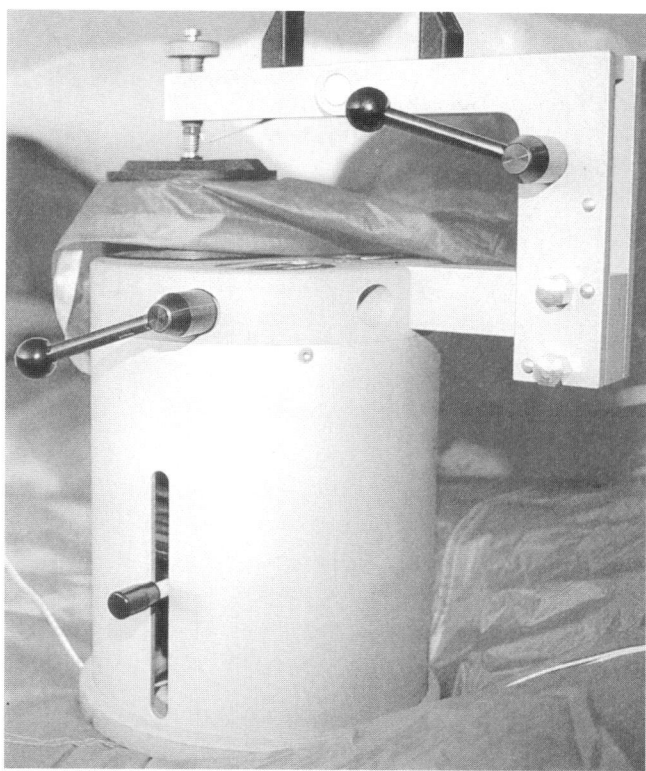

Foto: Tilman v. Mengershausen

Prüfgerät für die Luftdurchlässigkeit des Gleitsegeltuchs bei der Nachprüfung

Beförderung von Personen oder Sachen verwendet wird, einfache Kontrollen und Arbeiten im Rahmen der Wartung selbst durchführen, wenn er die notwendigen Kenntnisse und Fähigkeiten besitzt. Das gleiche gilt für ☐☐☐ Mitglieder von Luftfahrtverbänden und -vereinen. Die Nachprüfungen nach der Prüfordnung für Luftfahrtgerät können zusammengefaßt bei der Jahresnachprüfung durchgeführt werden.
(3) Bei der Instandhaltung sind die von dem Hersteller des Luftfahrtgeräts erstellten Betriebsanweisungen und technischen Mitteilungen zu berücksichtigen.
☐☐☐

(5) Erfordert die ordnungsgemäße Durchführung bestimmter Instandhaltungsarbeiten besondere Kenntnisse und Fähigkeiten, dürfen diese Arbeiten nur von Fachkräften durchgeführt werden, die nachweislich den Anforderungen genügen.

(6) Wer Luftfahrtgerät instandhält, hat der zuständigen Stelle Mängel des Musters, die ihm bei seiner Tätigkeit bekannt werden und welche die Lufttüchtigkeit beeinträchtigen oder beeinträchtigen können, unverzüglich anzuzeigen.

LuftBO § 14 **[Lufttüchtigkeitsanweisung]** (1) Die zuständige Stelle ordnet durch Lufttüchtigkeitsanweisung, die in den Nachrichten für Luftfahrer oder in der Informationsschrift des Beauftragten bekanntgemacht wird, die durchzuführenden Maßnahmen an, wenn sich beim Betrieb des Luftfahrtgeräts Mängel des Musters herausstellen, welche die Lufttüchtigkeit beeinträchtigen.

(2) Ein durch die Lufttüchtigkeitsanweisung betroffenes Luftfahrtgerät darf nach dem in der Lufttüchtigkeitsanweisung angegebenen Termin außer für Zwecke der Nachprüfung nur in Betrieb genommen werden, wenn die angeordneten Maßnahmen ordnungsgemäß durchgeführt worden sind.

LuftBO § 25 **[Verlust der Lufttüchtigkeit]** (1) Werden beim Betrieb des zugelassenen Luftfahrzeugs Mängel festgestellt, die seine Lufttüchtigkeit beeinträchtigen oder beeinträchtigen können, oder bestehen begründete Zweifel an der Lufttüchtigkeit des Luftfahrzeugs, kann die zuständige Stelle das Luftfahrzeug bis zum Nachweis der Lufttüchtigkeit nach den Vorschriften der Prüfordnung für Luftfahrtgerät für luftuntüchtig erklären.

(2) Ein Luftfahrzeug, das luftuntüchtig ist oder von der zuständigen Stelle für luftuntüchtig erklärt worden ist, darf nicht in Betrieb genommen werden. Die Inbetriebnahme für Zwecke der Nachprüfung ist zulässig. □□□

LuftBO § 26 **[Ausfall von Ausrüstungsteilen]** (1) Sind bei Antritt eines Flugs vorgeschriebene Anlagen, Geräte oder Bauteile der Ausrüstung des Luftfahrzeugs nicht betriebsbereit, darf der Flug nicht durchgeführt werden. □□□

LuftBO § 28 **[Anzeigepflicht]** Der Luftfahrzeugführer hat dem Halter des Luftfahrzeugs die bei dem Betrieb des Luftfahrzeugs festgestellten Mängel des Luftfahrzeugs unverzüglich anzuzeigen.

Eintragung und Kennzeichnung

LuftVZO § 18a **[Luftsportgeräteverzeichnis]** □□□ (2) Ultraleichtflugzeuge werden für die Verkehrszulassung in das Luftsportgeräteverzeichnis vom Beauftragten eingetragen, Hängegleiter und Gleitsegel auf Antrag. □□□

Anmerkung: Vorgeschrieben sind Eintragungen und Kennzeichnung für Gleitsegel und Hängegleiter nur, wenn das Gerät für Überlandflüge benutzt wird.

LuftVZO § 19 **[Kennzeichen]** (1) Bei der □□□ Eintragung wird dem Luftfahrzeug ein Kennzeichen zugeteilt; □□□

Straf- und Bußgeldvorschriften

LuftVG § 60 **[Straftatbestände]** (1) Wer
1. ein Luftfahrzeug führt, das nicht zum Luftverkehr zugelassen ist, oder als Halter einem Dritten das Führen eines solchen Luftfahrzeugs gestattet,

☐☐☐

wird mit Freiheitsstrafe bis zu zwei Jahren oder mit Geldstrafe bestraft.
(2) Wer die Tat fahrlässig begeht, wird mit Freiheitsstrafe bis zu sechs Monaten oder mit Geldstrafe bis zu einhundertachtzig Tagessätzen bestraft.

GerPO § 46 **[Ordnungswidrigkeiten]** (1) Ordnungswidrig im Sinne des § 58 Abs. 1 Nr.10 des Luftverkehrsgesetzes handelt, wer vorsätzlich oder fahrlässig
1. als Inhaber einer nach dieser Verordnung erteilten Anerkennung

☐☐☐

   e) über eine Stückprüfung nach § 24 Abs. 1 oder eine Nachprüfung nach § 39 Abs. 1, 2 oder 4 eine unrichtige Bescheinigung erteilt oder

☐☐☐

4a.als Luftsportgeräteführer ein Gerät führt, an dem die Prüfplakette oder der Prüfstempel nach § 24 Abs. 5 Satz 5 oder 6 oder der Prüfstempel nach § 39 Abs. 1 Satz 2 oder 4 nicht angebracht ist,
5. eine Änderung des zugelassenen Musters entgegen § 13 Abs. 2 Satz 1 nicht vor ihrer Durchführung anzeigt,

☐☐☐

LuftBO § 57 Ordnungswidrig im Sinne des § 58 Abs.1 Nr.10 des Luftverkehrsgesetzes handelt, wer vorsätzlich oder fahrlässig
1. als Halter von Luftfahrtgerät oder Betriebsleiter entgegen
   a) § 3 Luftfahrtgerät nicht in einem solchen Zustand erhält oder nicht so betreibt, daß kein anderer gefährdet, geschädigt oder mehr als nach den Umständen unvermeidbar behindert oder belästigt wird;

☐☐☐

   d) § 14 Abs. 2 Luftfahrtgerät betreibt, ohne die in der Lufttüchtigkeitsanweisung angeordneten Maßnahmen ordnungsgemäß durchgeführt zu haben;

☐☐☐

   a) § 4 Abs. 1 oder Abs. 2 Satz 1 Luftfahrtgerät oder Teile von Luftfahrtgerät über die zulässigen Betriebszeiten hinaus betreibt oder führt;

☐☐☐

   c) § 24 Abs. 1 Satz 1 ein Luftfahrzeug nicht in Übereinstimmung mit dem im zugehörigen Flughandbuch oder in anderen Betriebsanweisungen angegebenen Leistungsdaten oder festgelegten Betriebsgrenzen betreibt;

   d) § 25 Abs. 2 ein luftuntüchtiges oder für luftuntüchtig erklärtes Luftfahrtgerät in Betrieb nimmt;

☐☐☐

3. als Luftfahrzeugführer entgegen

☐☐☐

   c) § 25 Abs. 1 trotz des Ausfalls von Ausrüstungsteilen einen Flug durchführt;

☐☐☐

   e) § 28 dem Halter Mängel des Luftfahrzeugs nicht unverzüglich anzeigt;

☐☐☐

8. entgegen § 9 Abs. 6 anzeigepflichtige Mängel der zuständigen Stelle nicht unverzüglich anzeigt;

☐☐☐

Pilot

Jeder Pilot in Deutschland braucht eine »Erlaubnis für Luftfahrer«. In diese Erlaubnis, dokumentiert durch den »Luftfahrerschein für Luftsportgeräteführer«, münden die persönlichen und fachlichen Voraussetzungen, die Ausbildung und die Prüfung. Der Luftfahrerschein – für Gleitsegeln zunächst in beschränkter und dann in unbeschränkter Version – ist zugleich die Basis für die »besonderen Berechtigungen«, beispielsweise die Windenschleppstartberechtigung, die in den Luftfahrerschein bzw. in das zugehörige »Beiblatt F« eingetragen werden. Der Luftfahrerschein ist beim Flugbetrieb mitzuführen – wie beim Autofahren der Führerschein.

Erlaubnispflicht

LuftVG § 4 **[Grundsätze der Erlaubnis für Luftfahrer]** (1) Wer ein Luftfahrzeug führt oder bedient (Luftfahrer) bedarf der Erlaubnis. Die Erlaubnis wird nur erteilt, wenn
1. der Bewerber das vorgeschriebene Mindestalter besitzt,
2. der Bewerber seine Tauglichkeit nachgewiesen hat,
3. keine Tatsachen vorliegen, die den Bewerber als unzuverlässig erscheinen lassen, ein Luftfahrzeug zu führen oder zu bedienen,
4. der Bewerber eine Prüfung nach der Verordnung über Luftfahrtpersonal bestanden hat.
(2) Die Vorschriften des Absatzes 1 sind auf sonstiges Luftfahrtpersonal sinngemäß anzuwenden, soweit seine Tätigkeit auf Grund einer Rechtsverordnung nach § 32 Abs. 1 Nr. 4 erlaubnispflichtig ist.
(3) Die Erlaubnis ist zu widerrufen, wenn die Voraussetzungen nach Absatz 1 nicht mehr vorliegen.
(4) □ □ □ Bei Übungs- und Prüfungsflügen ohne Begleitung von Fluglehrern oder Prüfungsratsmitgliedern bedürfen Luftfahrer keiner Erlaubnis, wenn es sich um Flüge handelt, die von Fluglehrern oder Prüfungsratsmitgliedern angeordnet und beaufsichtigt werden.

LuftVZO § 20 **[Erlaubnispflichtige Personen]** (1) Luftfahrer, die einer Erlaubnis bedürfen, sind
□ □ □
9. Luftsportgeräteführer
□ □ □

Ausbildung

Die Ausbildung darf, unabhängig von der vorgeschriebenen Lehrberechtigung des Fluglehrers, nur in zugelassenen Luftfahrerschulen erfolgen. Anders als in der übrigen Luftfahrt müssen Gleitsegel- und Hängegleiterpiloten ihre Flugtauglichkeit nicht durch ein ärztliches Zeugnis nachweisen, aber sie müssen gesund und flugtauglich sein.

LuftVZO § 23 **[Mindestalter]** □ □ □ (2) Das Mindestalter für den Beginn der Ausbildung beträgt
□ □ □
2. für Führer nichtmotorgetriebener Luftsportgeräte, Windenführer □ □ □ 16 Jahre,
□ □ □
Die zuständige Stelle kann im Einzelfall einen früheren Ausbildungsbeginn zulassen.

LuftVZO § 24 **[Voraussetzungen für die Ausbildung]** (1) Die Ausbildung von Luftfahrtpersonal ist nur zulässig, wenn
1. der Bewerber das Mindestalter nach § 23 besitzt,
2. der Bewerber tauglich ist,
3. keine Tatsachen vorliegen, die den Bewerber als unzuverlässig erscheinen lassen, die beabsichtigte Tätigkeit als Luftfahrtpersonal auszuüben,
4. bei einem minderjährigen Bewerber der gesetzliche Vertreter zustimmt.

Foto: Robert Schwaiger

(2) Tatsachen, die den Bewerber als unzuverlässig erscheinen lassen, sind insbesondere Trunksucht, Entmündigung, eine erhebliche gerichtliche Bestrafung oder mehrfache rechtskräftig festgestellte erhebliche Verstöße gegen Verkehrsvorschriften.

(3) Dem Ausbildungsleiter müssen vor Beginn der Ausbildung folgende Unterlagen vorliegen:

1. die Geburtsurkunde oder ein Auszug aus dem Familienbuch der Eltern;
2. das Tauglichkeitszeugnis;
3. eine Erklärung über schwebende Strafverfahren und darüber, daß ein Führungszeugnis nach § 28 des Bundeszentralregistergesetzes zur Vorlage bei der zuständigen Stelle beantragt worden ist;
4. bei einem minderjährigen Bewerber eine amtlich beglaubigte Zustimmungserklärung des gesetzlichen Vertreters.

Die für den Ausbildungsbetrieb zuständige Stelle kann Ausnahmen zulassen. □ □ □ Bewerber um eine Erlaubnis für Hängegleiter- und Gleitsegelführer sind von dem Nachweis der Tauglichkeit befreit; als Vorlage der Unterlagen nach Satz 1 Nr. 1 und Nr. 3 gilt das Vorzeigen eines amtlichen Lichtbildausweises.

LuftPersV § 42 **[Inhalt der Ausbildung]** (1) Fachliche Voraussetzungen für den Erwerb der Erlaubnis für Luftsportgeräteführer sind

1. die theoretische Ausbildung,
2. die Flugausbildung,
3. die erfolgreiche Teilnahme an einer Unterrichtung in Sofortmaßnahmen am Unfallort und
4. die Ausbildung zur Ausübung des Flugfunkdienstes.

Satz 1 Nummer 4 gilt nicht für Hängegleiter- und Gleitsegelführer, sofern sie nicht die Berechtigung zur Benutzung kontrollierten Luftraums erwerben und nicht für Sprungfallschirmführer.

(2) Die theoretische Ausbildung umfaßt □ □ □ für Hängegleiter- und Gleitsegelführer mindestens 45 Unterrichtsstunden □ □ □ innerhalb der letzten 12 Monate vor Ablegung der Prüfung nach § 43. Sie erstreckt sich auf die Sachgebiete

1. Luftrecht, Luftverkehrs- und Flugsicherungsvorschriften
2. Navigation oder Freifall
3. Meteorologie
4. Technik
5. Verhalten in besonderen Fällen

(3) Die Flugausbildung umfaßt vor Ablegung der Prüfung nach § 43 für

□ □ □

3. Gleitsegelführer:
   a) Mindestens 20 vollständige Vorbereitungs-, Start-, Steuer- und Landeübungen sowie Landefalltechnikübungen.
   b) Mindestens 20 Alleinflüge unter Anleitung und Aufsicht eines Fluglehrers mit geringem Bodenabstand und einem Höhenunterschied von 40 bis 100 m.
   c) Mindestens 40 Alleinflüge unter Anleitung und Aufsicht eines Fluglehrers mit mehr als 100 m Höhenunterschied auf mindestens zwei verschiedenen Geländen, davon zunächst mindestens 10 Alleinflüge mit weniger als 300 m Höhenunterschied und danach mindestens 25 Alleinflüge mit mehr als 400 m Höhenunterschied. Bis zu 30 Alleinflüge können durch die doppelte Anzahl von Ausbildungsflügen mit Schleppstart ersetzt werden.
   d) Mindestens 10 Alleinflüge mit mehr als 30 Minuten Flugdauer auf mindestens zwei verschiedenen Geländen, davon höchstens 5 Alleinflüge mit Schleppstart.

□ □ □

LuftPersV § 42a **[Erleichterungen]** □ □ □ (2) Bewerber, die eine Erlaubnis für Hängegleiter- oder Gleitsegelführer besitzen, können im Falle des § 42 Abs. 3 Nr. 1a Satz 1 (Ultraleichtfliegen) 10 Alleinflüge, im Falle des § 42 Abs. 3 Nr. 1a Satz 2 5 Alleinflüge durch Flüge als verantwortlicher Hängegleiter- oder Gleitsegelführer ersetzen. Die Flugausbildung nach § 42 Abs. 3 Nr. 1b bis Nr. 1f ist auf schwerkraftgesteuerten Ultraleichtflugzeugen durchzuführen.

(3) Bewerber, die eine Erlaubnis für Gleitsegelführer besitzen, können im Falle des § 42 Abs. 3 Nr. 2b (Hängegleiten) die Hälfte der Alleinflüge durch Flüge als verantwortlicher Führer von Gleitsegeln ersetzen. Die höchstzulässige Anzahl der Alleinflüge mit Schleppstart verringert sich um die Hälfte.

(4) Bewerber, die eine Erlaubnis für Hängegleiter- oder Sprungfallschirme besitzen, können im Falle des § 42 Abs. 3 Nr. 3c (Gleitsegeln) die Hälfte der Alleinflüge durch Flüge als verantwortlicher Führer von Hängegleitern oder Sprungfallschirmen ersetzen. Die höchstzulässige Anzahl der Alleinflüge mit Schleppstart verringert sich um die Hälfte.

LuftPersV § 117 **[Flugauftrag]** (1) Wer eine Erlaubnis □□□ erwerben □□□ will, darf die notwendigen Alleinflüge nur ausführen, wenn der Fluglehrer hierfür einen Flugauftrag erteilt hat. Dies gilt auch für die Ausbildung in den einzelnen Startarten □□□. Der Fluglehrer darf den Flugauftrag nur erteilen, wenn er sich von der Befähigung des Bewerbers überzeugt hat. □□□

LuftPersV § 120 **[Nachweis der fliegerischen Voraussetzungen]** (1) □□□ Satz 4: Angaben zum Nachweis von Voraussetzungen zum Erwerb □□□ einer Erlaubnis oder Berechtigung, die unter der Aufsicht oder in Begleitung eines Luftfahrers zu erfüllen sind, müssen von diesem unter Angabe der Art und Nummer seines Luftfahrerscheins als richtig bescheinigt werden. Der Nachweis der fliegerischen Voraussetzungen kann durch Auszüge aus dem Flugbuch erbracht werden. □□□

Foto: Günter Kozeny

LuftPersV § 121 **[Nachweis der theoretischen Aus-
bildung]** (1) Bewerber um eine Erlaubnis oder Berechtigung nach dieser Verordnung haben ein Unterrichtsbuch zu führen, in dem alle Unterrichtsstunden unter
Angabe des Sachgebietes und des behandelten
Unterrichtsstoffes mit Datum und Dauer sowie Name
des Lehrers einzutragen sind. Bei geschlossenen
Lehrgängen tritt an Stelle des vom Bewerber zu
führenden Unterrichtsbuches ein von der Luftfahrerschule oder der Lehrgangsleitung zu führendes Unterrichtsbuch.

□□□

LuftPersV § 123 **[Flugbuch in der Ausbildung]**
(1)
Luftsportgeräteführer haben zum Nachweis der praktischen Voraussetzungen zum Erwerb □ □ □ einer
Erlaubnis oder einer Berechtigung ein Flugbuch zu
führen.

□□□

(3) Führer von Hängegleitern und Gleitseglern haben
in das Flugbuch Datum, Fluggerät, Fluggelände mit
Höhenunterschied, Flugdauer und Art der Übung einzutragen. Im übrigen gelten § 120 Abs. 1 Satz 4 und
Satz 5.

□□□

LuftPersV § 126 **[Erleichterungen für Sofortmaßnahmen am Unfallort]** (1) Der Nachweis über die
Unterweisung in Sofortmaßnahmen am Unfallort oder
Ausbildung in Erster Hilfe kann durch eine Bescheinigung einer fliegerärztlichen Untersuchungsstelle, des
Arbeiter-Samariter-Bundes Deutschland, des Deutschen Roten Kreuzes, der Johanniter-Unfallhilfe oder
des Malteser-Hilfsdienstes durchgeführt werden.

□□□

Prüfung

LuftPersV § 43 **[Grundsätze für die Prüfung]** (1) Der
Bewerber hat in einer theoretischen und praktischen
Prüfung nachzuweisen, daß er nach seinem fachlichen
Wissen und praktischen Können die an einen Luftsportgeräteführer zu stellenden Anforderungen erfüllt.
(2) Die Prüfung erstreckt sich insbesondere auf
1. die in § 42 Abs. 2 Satz 2 aufgeführten Sachgebiete,
2. die notwendigen Kenntnisse und Fähigkeiten zum
   Führen und Bedienen von Luftsportgeräten des
   Musters, auf dem der Bewerber die Prüfung ablegt
   und
3. das Verhalten bei besonderen Flugzuständen, in
   Notfällen und bei Unfällen, soweit dies Bestandteil
   der Flugausbildung nach § 42 Abs. 3 ist.
(3) Der Umfang der theoretischen und praktischen Prüfung zum Erwerb einer eingeschränkten Erlaubnis nach
§ 44 Abs. 3 verringert sich entsprechend den vorgeschriebenen Beschränkungen.

LuftPersV § 128 **[Durchführung der Prüfungen]**
(1) Die Prüfungen sind vor einem Prüfungsrat abzulegen
□□□
(6) Das Prüfungsergebnis wird mit »bestanden« oder
»nicht bestanden« beurteilt; □ □ □ Bei Nichtbestehen ist
eine einmalige Wiederholung zulässig. Der Prüfungsrat
oder das beauftragte Prüfungsratsmitglied bestimmt,
ob und ggf. mit welchen Auflagen die Prüfung ganz
oder zum Teil zu wiederholen ist. Eine weitere Wiederholung ist nur mit Zustimmung der für die Prüfung
zuständigen Erlaubnisbehörde (Stelle) zulässig.
□□□
(9) Zwischen dem Zeitpunkt der abgelegten theoretischen Prüfung und dem Zeitpunkt der abzulegenden
praktischen Prüfung dürfen nicht mehr als 12 Monate
liegen. Teilweise Wiederholungsprüfungen werden auf
den Zeitpunkt der Ablegung der Prüfungen nicht ange-
rechnet.
□□□

Erlaubnis und Luftfahrerschein

LuftVZ0 § 22 **[Zuständige Stellen für die Erlaubnis]**
(1) Die Erlaubnis wird

□ □ □

3. für Luftsportgeräteführer, Windenführer für Luft-sportgeräte □ □ □ von dem Beauftragten erteilt. Das gleiche gilt für Erweiterungen der Erlaubnis und die Erteilung besonderer Berechtigungen. □ □ □

LuftVZ0 § 25 **[Antrag auf Erteilung der Erlaubnis]**

□ □ □

(2) Dem Antrag sind beizufügen
1. die in § 24 Abs. 3 Nr. 1 bis 4 bezeichneten Unterla-gen, □ □ □
2. eine Erklärung über die Staatsangehörigkeit, die auf Verlangen nachzuweisen ist;
3. ein vom Ausbildungsleiter angefertigter Ausbil-dungsnachweis über die theoretische und prakti-sche Ausbildung;
4. der Nachweis der Vorbildung nach der Verordnung über Luftfahrtpersonal;
5. zwei Paßbilder.

□ □ □

LuftVZO § 26 **[Erteilung der Erlaubnis]** (1) Die zu-ständige Stelle erteilt die Erlaubnis, wenn die Voraus-setzungen des § 24 Abs. 1 sowie die in der Verord-nung über Luftfahrtpersonal bestimmten Vorausset-zungen erfüllt sind. Hat der nach den Vorschriften der Verordnung über Luftfahrtpersonal bestimmte Prü-fungsrat Zweifel an der Eignung des Bewerbers, teilt er der zuständigen Stelle die Gründe hierfür mit. § 24 Abs. 4 Satz 4 (psychologische Beurteilung) gilt sinn-gemäß.
(2) □ □ □ Der Ausweis (Luftfahrerschein) ist bei Aus-übung der erlaubnispflichtigen Tätigkeit mitzuführen.

Bundesrepublik Deutschland

Federal Republic of Germany

Luftfahrerschein
für
Luftsportgeräteführer

Sport Pilot Licence

Nur gültig mit dem zugehörigen Beiblatt
Valid only in connection with the attachment

LgNr. 15702
⊕ Bundesdruckerei

Muster 5 (§ 44 LuftPersV)

137

LuftPersV § 44 **[Umfang der Erlaubnis]** (1) Die Erlaubnis wird durch Aushändigung des Luftfahrerscheins für Luftsportgeräteführer nach Muster 1a, Beiblatt F erteilt.

(2) Die Erlaubnis berechtigt zum Führen von

□ □ □

2. Hängegleitern oder Gleitsegeln für Flüge am Tage,

□ □ □

(3) Die Erlaubnis zum Führen von Hängegleitern oder Gleitsegeln wird auf Flüge in der Umgebung des Fluggeländes beschränkt, wenn nur 20 Unterrichtsstunden nach § 42 Abs. 2 Satz 1 und eine Flugausbildung nach § 42 Abs. 3 Nr. 2a und Nr. 2b oder nach § 42 Abs. 3 Nr. 3a bis Nr. 3c nachgewiesen werden. □ □ □ Die Beschränkungen gelten unbefristet und werden im Beiblatt F eingetragen.

(4) Die unbeschränkte Erlaubnis zum Führen von Hängegleitern oder Gleitsegeln wird nicht vor Ablauf von 12 Monaten seit Erteilung der beschränkten Erlaubnis erteilt.

LuftPersV § 45 **[Gültigkeitsdauer]** (1) Die Erlaubnis wird □ □ □ zum Führen von Hängegleitern und Gleitsegeln unbefristet erteilt.

□ □ □

LuftVZO § 29 **[Widerruf, Ruhen und Beschränkung]** (1) Die Erlaubnis ist von der nach § 22 Abs. 3 oder nach § 22 Abs. 1 Satz 1 Nr. 3 zuständigen Stelle zu widerrufen und der Ausweis einzuziehen, wenn sich Tatsachen dafür ergeben, daß der Inhaber für die erlaubte Tätigkeit ungeeignet ist.

(2) Die Erlaubnis ist ferner zu widerrufen und der Ausweis einzuziehen, wenn der zuständigen Stelle Tatsachen bekannt werden, die Zweifel an dem ausreichenden praktischen Können oder fachlichen Wissen des Inhabers der Erlaubnis rechtfertigen, und wenn eine von ihr angeordnete Überprüfung entweder verweigert wird oder ergibt, daß der Inhaber der Erlaubnis ein ausreichendes praktisches Können oder fachliches Wissen nicht mehr besitzt.

(3) An Stelle des Widerrufs kann das Ruhen der Erlaubnis auf Zeit oder eine Nachschulung mit anschließender Überprüfung angeordnet oder die Erlaubnis auf eine bestimmte Betätigung in der Luftfahrt beschränkt werden, wenn dies ausreicht, um die Sicherheit und Ordnung des Luftverkehrs aufrechtzuerhalten. Das Ruhen der Erlaubnis kann auch in Fällen erheblicher Gefahr für die Sicherheit und Ordnung des Luftverkehrs bis zur Feststellung des weiteren ausreichenden praktischen Könnens oder fachlichen Wissens nach Absatz 2 angeordnet werden, wenn der zuständigen Stelle Tatsachen bekannt werden, die erkennen lassen, daß der Inhaber der Erlaubnis das ausreichende praktische Können oder fachliche Wissen nicht mehr besitzt. Der über die Erlaubnis ausgestellte Ausweis ist für die Zeit des Ruhens der Erlaubnis einzuziehen und im Falle der Beschränkung zu berichtigen oder durch einen neuen Ausweis zu ersetzen.

Foto: Christoph Kirsch

Foto: Günter Kozeny

Besondere Berechtigungen

Die Erlaubnis für Luftfahrer ist die luftrechtliche Basis für das »normale« Fliegen. Aufbauend auf dieser Basis kann der Pilot zusätzlich die besonderen Berechtigungen erwerben. Bei einem Widerruf der Erlaubnis erlöschen automatisch auch die besonderen Berechtigungen. Allerdings können sie unabhängig von der Erlaubnis widerrufen oder beschränkt werden.

LuftPersV § 84 **[Schleppberechtigung]** □ □ □ (4) Luftsportgeräteführer bedürfen zum Schleppen von Hängegleitern oder Bannern mit Ultraleichtflugzeugen, zum Schleppen von Hängegleitern oder Gleitsegeln mit Winden und zur Durchführung von Schleppstarts hinter Ultraleichtflugzeugen und an Winden einer Berechtigung.
□ □ □

LuftPersV § 84a **[Passagierflugberechtigung]** (1) Luftsportgeräteführer bedürfen für Passagierflüge oder für Passagiersprünge einer Passagierflugberechtigung.
□ □ □

LuftVZO § 30 **[Lehrberechtigung]** □ □ □ (3) Die praktische Ausbildung darf nur von Personen vorgenommen werden, die hierfür eine Lehrberechtigung besitzen. Die Lehrberechtigung wird nach den Vorschriften der Verordnung über Luftfahrtpersonal erteilt.

Luftfahrerschulen

In Deutschland ist bereits der Ausbildungsbetrieb für Luftfahrer erlaubnispflichtig, unabhängig davon, daß auch jeder einzelne im Ausbildungsbetrieb tätige Fluglehrer die Lehrberechtigung besitzen muß.

LuftVG § 5 **[Ausbildungserlaubnis; Fluglehrer]**
(1) Wer es unternimmt, Luftfahrer auszubilden, bedarf unbeschadet der Vorschrift des Absatzes 3 der Erlaubnis. Die Erlaubnis kann mit Auflagen verbunden und befristet werden.
(2) Die Erlaubnis ist zu versagen, wenn Tatsachen die Annahme rechtfertigen, daß die öffentliche Sicherheit oder Ordnung gefährdet werden kann oder der Bewerber oder seine Ausbilder persönlich ungeeignet sind; ergeben sich später solche Tatsachen, so ist die Erlaubnis zu widerrufen. Die Erlaubnis kann außerdem widerrufen werden, wenn sie länger als ein Jahr nicht ausgenutzt worden ist.
(3) Die praktische Ausbildung darf nur von Personen vorgenommen werden, die eine Lehrberechtigung nach der Verordnung über Luftfahrtpersonal besitzen (Fluglehrer).

LuftVZO § 30 **[Erlaubnispflicht für die Ausbildung]**
(1) Die Ausbildung von Luftfahrern darf nur in Ausbildungsbetrieben (Luftfahrerschulen) durchgeführt werden, die dafür eine Erlaubnis besitzen.
☐☐☐

LuftVZO § 31 **[Zuständige Stellen]** (1) Die Erlaubnis wird
☐☐☐
2. für Luftfahrerschulen, soweit sie Luftsportgeräteführer ausbilden, von dem Beauftragten ☐☐☐ erteilt.
☐☐☐

LuftVZO § 36 **[Aufsicht]** (1) Die zuständige Stelle führt die Aufsicht über den Ausbildungsbetrieb. ☐☐☐

Foto: Günter Kozeny

Straf- und Bußgeldvorschriften

LuftVG § 60 **[Straftatbestände]** (1) Wer

☐☐☐

2. ein Luftfahrzeug ohne die Erlaubnis nach § 4 Abs. 1 führt oder bedient oder als Halter eines Luftfahrzeugs die Führung oder das Bedienen Dritten, denen diese Erlaubnis nicht erteilt ist, gestattet,

3. praktische Flugausbildung ohne eine Lehrberechtigung nach § 5 Abs. 3 erteilt,

☐☐☐ wird mit Freiheitsstrafe bis zu zwei Jahren oder mit Geldstrafe bestraft.

(2) Wer die Tat fahrlässig begeht, wird mit Freiheitsstrafe bis zu sechs Monaten oder mit Geldstrafe bis zu einhundertachtzig Tagessätzen bestraft.

LuftVG § 58 **[Ordnungswidrigkeiten]** (1) Ordnungswidrig handelt, wer vorsätzlich oder fahrlässig

☐☐☐

2. es unternimmt, ohne die Erlaubnis nach § 5 Abs. 1 Luftfahrer auszubilden,

☐☐☐

LuftVZO § 108 Ordnungswidrig im Sinne des § 58 Abs. 1 Nr. 10 des Luftverkehrsgesetzes handelt, wer vorsätzlich oder fahrlässig

☐☐☐

6. als Angehöriger des Luftfahrtpersonals
   a) entgegen § 26 Abs. 2 Satz 4 den erforderlichen Ausweis (Luftfahrerschein) ☐☐☐ nicht mitführt;

☐☐☐

LuftPersV § 134 Ordnungswidrig im Sinne des § 58 Abs. Nr. 10 des Luftverkehrsgesetzes handelt, wer vorsätzlich oder fahrlässig

1. ohne Berechtigung nach ☐☐☐ § 84 Abs. 1 oder Abs. 4, § 84 a Abs. 1, ☐☐☐, § 97 Abs. 1 oder Abs.4 ☐☐☐ eine dort bezeichnete Tätigkeit ausübt,

2. entgegen § 117 Abs. 1 Satz 1, 2 oder 3 □□□ einen Alleinflug durchführt,
3. entgegen § 117 Abs. 1 Satz 4 □□□ einen Flugauftrag erteilt,
□□□
5. entgegen □□□ § 121 Abs. 1 ein Unterrichtsbuch oder entgegen § 123 Abs. 2 bis 4 ein Flugbuch oder Sprungbuch nicht, nicht richtig oder nicht vollständig führt □□□,
6. entgegen § 123 □□□ in Verbindung mit § 120 Abs. 1 Satz 4 unrichtige Angaben eines Bewerbers in einem Flugbuch oder Sprungbuch als richtig bescheinigt □□□

Foto: Tilman v. Mengershausen

Fluggelände

Alle bemannten Luftfahrzeuge brauchen für Starts und Landungen grundsätzlich einen nach § 6 LuftVG genehmigten Flugplatz. Für Starts und Landungen außerhalb von Flugplätzen ist eine vereinfachte Erlaubnis nach § 25 LuftVG erforderlich. In der luftrechtlichen Entwicklung der Luftsportgeräte ist aus der Ausnahme die Regel geworden, d. h. nahezu alle Gleitsegel- und Hängegleitergelände fallen unter § 25, nur wenige besitzen die Genehmigung nach § 6.

Die Erlaubnis nach § 25 LuftVG (Außenstart- und -landeerlaubnis) wird vom Deutschen Hängegleiterverband erteilt, wenn das Gelände nur für Gleitsegeln und Hängegleiten genutzt wird. Für die Erteilung der Flugplatzgenehmigung nach § 6 LuftVG ist die Luftfahrtbehörde des Landes zuständig, ebenso für die zusätzliche Erlaubnis nach § 25 für Gleitsegeln und Hängegleiten auf einem Motor-, Segel- oder Ultraleichtfluggelände.

Bis etwa April 1996 gilt übergangsweise für die Gelände, die nicht fortgesetzt und ausschließlich oder hauptsächlich für den Betrieb der Hängegleiter und Gleitsegel benutzt werden und deshalb unter § 25 LuftVG fallen, die Erlaubnisfiktion der früheren Allgemeinverfügung des Bundesministers für Verkehr.

LuftVG § 6 **[Genehmigung von Flugplätzen]** (1) Flugplätze (Flughäfen, Landeplätze und Segelfluggelände) dürfen nur mit Genehmigung angelegt oder betrieben werden. □□□ Die Genehmigung kann mit Auflagen verbunden und befristet werden.

(2) Vor Erteilung der Genehmigung ist besonders zu prüfen, ob die geplante Maßnahme den Erfordernissen der Raumordnung und Landesplanung entspricht und ob die Erfordernisse des Naturschutzes und der Landschaftspflege □□□ angemessen berücksichtigt sind. Ist das in Aussicht genommene Gelände ungeeignet oder rechtfertigen Tatsachen die Annahme, daß die öffentliche Sicherheit oder Ordnung gefährdet wird, ist die Genehmigung zu versagen. Ergeben sich später solche Tatsachen, so kann die Genehmigung widerrufen werden.

□□□

LuftVZO § 54 **[Segelfluggelände]** (1) Segelfluggelände sind Flugplätze, die für die Benutzung durch Segelflugzeuge und nichtselbststartende Motorsegler bestimmt sind.

(2) Die Genehmigung zur Anlage und zum Betrieb eines Segelfluggeländes kann auf die Benutzung durch □□□ Luftsportgeräte und Luftfahrzeuge, soweit diese bestimmungsgemäß zum Schleppen von □□□ Hängegleitern □□□ Verwendung finden, erstreckt werden. Die Erstreckung erfolgt auf Antrag des Antragstellers der Genehmigung oder bei bereits erteilter Genehmigung auf Antrag des Halters des Segelfluggeländes. Im übrigen bleibt § 15 Luftverkehrs-Ordnung unberührt.

LuftVG § 25 **[Außenstart- und -landeerlaubnis]** (1) Luftfahrzeuge dürfen außerhalb der für sie genehmigten Flugplätze nur starten und landen, wenn der Grundstückseigentümer oder sonst Berechtigte zugestimmt und die Luftfahrtbehörde eine Erlaubnis erteilt hat. □□□ Die Erlaubnis □□□ kann allgemein oder im Einzelfall erteilt, mit Auflagen verbunden und befristet werden.

(2) Absatz 1 gilt nicht, wenn

1. der Ort der Landung infolge der Eigenschaften des Luftfahrzeugs nicht vorausbestimmbar ist oder
2. die Landung aus Gründen der Sicherheit oder zur Hilfeleistung bei einer Gefahr für Leib oder Leben einer Person erforderlich ist. Das gleiche gilt für den Wiederstart nach einer solchen Landung mit Ausnahme des Wiederstarts nach einer Notlandung.

In diesem Falle ist die Besatzung des Luftfahrzeugs verpflichtet, dem Berechtigten über Namen und Wohnsitz des Halters, des Luftfahrzeugführers sowie des Versicherers Auskunft zu geben; bei einem unbemannten Luftfahrzeug ist sein Halter zu entsprechender Auskunft verpflichtet. Nach Erteilung der Auskunft darf der Berechtigte den Abflug oder die Abbeförderung des Luftfahrzeugs nicht verhindern.

(3) Der Berechtigte kann Ersatz des ihm durch den Start oder die Landung entstandenen Schadens nach den sinngemäß anzuwendenden §§ 33 bis 43 beanspruchen.

LuftVO § 15 [Zuständige Stellen für die Erlaubnis]
(1) □□□ Starts und Landungen von Hängegleitern und Gleitsegeln außerhalb der für sie genehmigten Flugplätze bedürfen der Erlaubnis des Beauftragten. Die Erlaubnis schließt Schleppstarts von Hängegleitern und Gleitsegeln ein und kann mit Auflagen verbunden werden.

□□□

(3) Die zuständige Stelle kann von dem Antragsteller den Nachweis der Zustimmung des Grundstückseigentümers oder der sonstigen Berechtigten verlangen. Sie hat die Naturschutzbehörden zu beteiligen.

Allgemeinverfügung IV. 3. 2 [Erlaubnisfiktion]
Die Erlaubnis nach § 25 LuftVG für Starts und Landungen von Gleitflugzeugen und Hängegleitern in einer Entfernung von mehr als 3 km von der Begrenzung eines Flugplatzes oder außerhalb von einem Wohngebiet gilt als erteilt, wenn die technischen Voraussetzungen und betrieblichen Forderungen □□□ dieser Allgemeinverfügung und die betrieblichen Festlegungen der vom Bundesminister für Verkehr anerkannten Stelle durchgeführt sind. Die Zustimmungspflicht des Grundstückseigentümers nach § 25 Abs. 1 LuftVG bleibt unberührt. Satz 1 gilt nicht für Schleppstarts mit einer Schlepphöhe von 150 m (500 Fuß) und mehr über Grund oder Wasser.

Straf- und Bußgeldvorschriften

LuftVG § 60 [Straftatbestände] (1) Wer
□□□
4. als Führer eines Luftfahrzeugs entgegen § 25 Abs. 1 Satz 1 oder Satz 2 Nr. 1 startet oder landet,
□□□
wird mit Freiheitsstrafe bis zu zwei Jahren oder mit Geldstrafe bestraft.
(2) Wer die Tat fahrlässig begeht, wird mit Freiheitsstrafe bis zu sechs Monaten oder mit Geldstrafe bis zu einhundertachtzig Tagessätzen bestraft.

LuftVG § 58 [Ordnungswidrigkeiten] (1) Ordnungswidrig handelt, wer vorsätzlich oder fahrlässig □□□
9. sich der Pflicht zur Auskunfterteilung nach § 25 Abs. 2 entzieht,
□□□
11. den schriftlichen vollziehbaren Auflagen einer Erlaubnis nach □□□ § 25 Abs. 1 □□□ zuwiderhandelt,
□□□

LuftVO § 43 Ordnungswidrig im Sinne des § 58 Abs. 1 Nr. 10 des Luftverkehrsgesetzes handelt, wer vorsätzlich oder fahrlässig
□□□
19 a. entgegen § 15 Abs. 1 Satz 3 ohne Erlaubnis startet oder landet;
□□□

Luftraum

Luftsportgeräte dürfen in kontrollierte Lufträume, Flugbeschränkungs- und Luftsperrgebiete nur unter besonders geregelten Voraussetzungen einfliegen.

Kontrollierte Lufträume

◆ Kontrollbezirk (CTA)
◆ Kontrollzone (CTR)
◆ CVFR-Gebiet (neu ICAO-C)
◆ Nahverkehrsbereich (TMA)

Flugbeschränkungsgebiete

◆ Flugbeschränkungsgebiet (ED-R)
◆ Gefahrengebiet (ED-D)
◆ zeitweilig reservierter Luftraum (TRA, neu in der ED-R)

Luftsperrgebiete (ED-P) gibt es derzeit in der Bundesrepublik Deutschland nicht.

Militärisches Tiefflugsystem

◆ 500-ft-Tiefflugband zwischen 500 ft (ca. 150 m) und 1500 ft (ca. 1000 m) über GND fast im gesamten Bundesgebiet
◆ 250-ft-Tieffluggebiete bis 250 ft (ca. 80 m)

Der gesamte Luftraum ist außerdem nach der internationel einheitlichen **ICAO-Luftraumklassifizierung** unterteilt. Die ICAO-Lufträume A bis E sind kontrolliert, G ist unkontrolliert, F besteht mit Sonderregelungen vorübergehend für die GUS-Truppen.

Die wichtigsten Lufträume und Gebiete sind in der **ICAO-Luftfahrtkarte** (Maßstab 1 : 500 000) – jedes Jahr neu herausgegeben von der Deutschen Flugsicherung GmbH – zeichnerisch dargestellt und in den beiden »Meister-Büchern« unter dem Sachgebiet Luftraumgliederung ausführlich erläutert.

LuftVG § 62 **[Luftgebietsverletzung]** (1) Wer als Führer eines Luftfahrzeuges den Anordnungen über Luftsperrgebiete und Gebiete mit Flugbeschränkungen zuwiderhandelt, wird mit Freiheitsstrafe bis zu

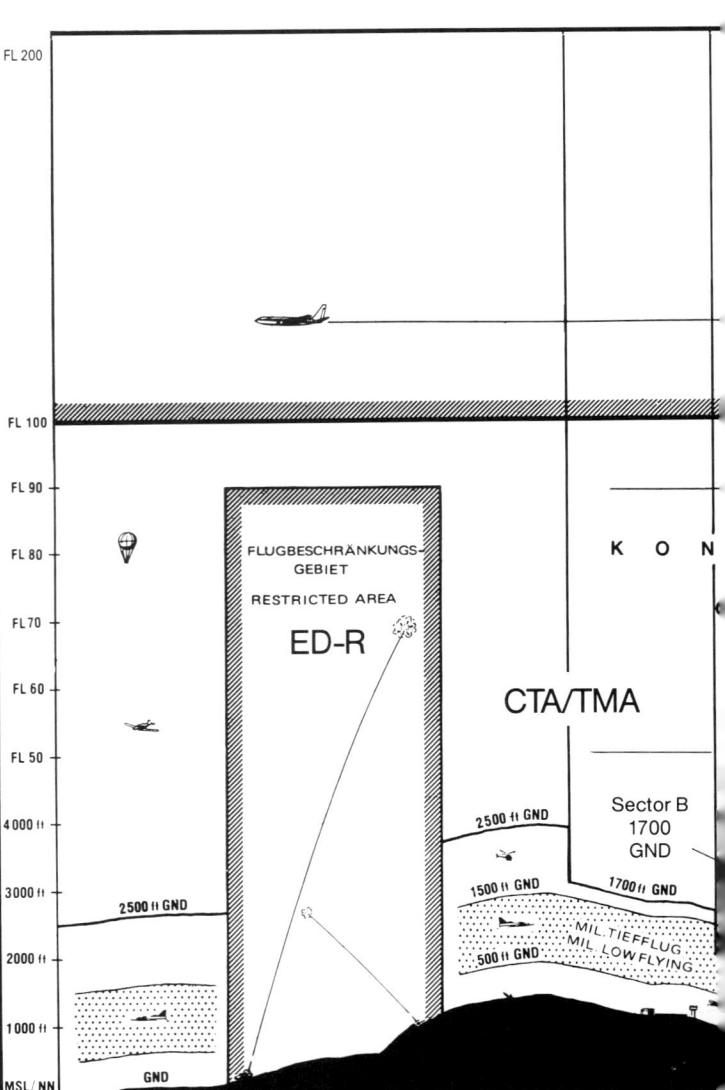

zwei Jahren oder mit Geldstrafe bestraft, wenn die Tat nicht in anderen Vorschriften mit schwererer Strafe bedroht ist.

(2) Wer die Tat fahrlässig begeht, wird mit Freiheitsstrafe bis zu sechs Monaten oder mit Geldstrafe bis zu einhundertachtzig Tagessätzen bestraft.

LuftVO § 43 **[Ordnungswidrigkeiten]** Ordnungswidrig im Sinne des § 58 Abs. 1 Nr. 10 des Luftverkehrsgesetzes handelt, wer vorsätzlich oder fahrlässig ☐ ☐ ☐

17. entgegen § 10 Abs. 3 (kontrollierter Luftraum) einen untersagten Flug ☐ ☐ ☐ ausführt;

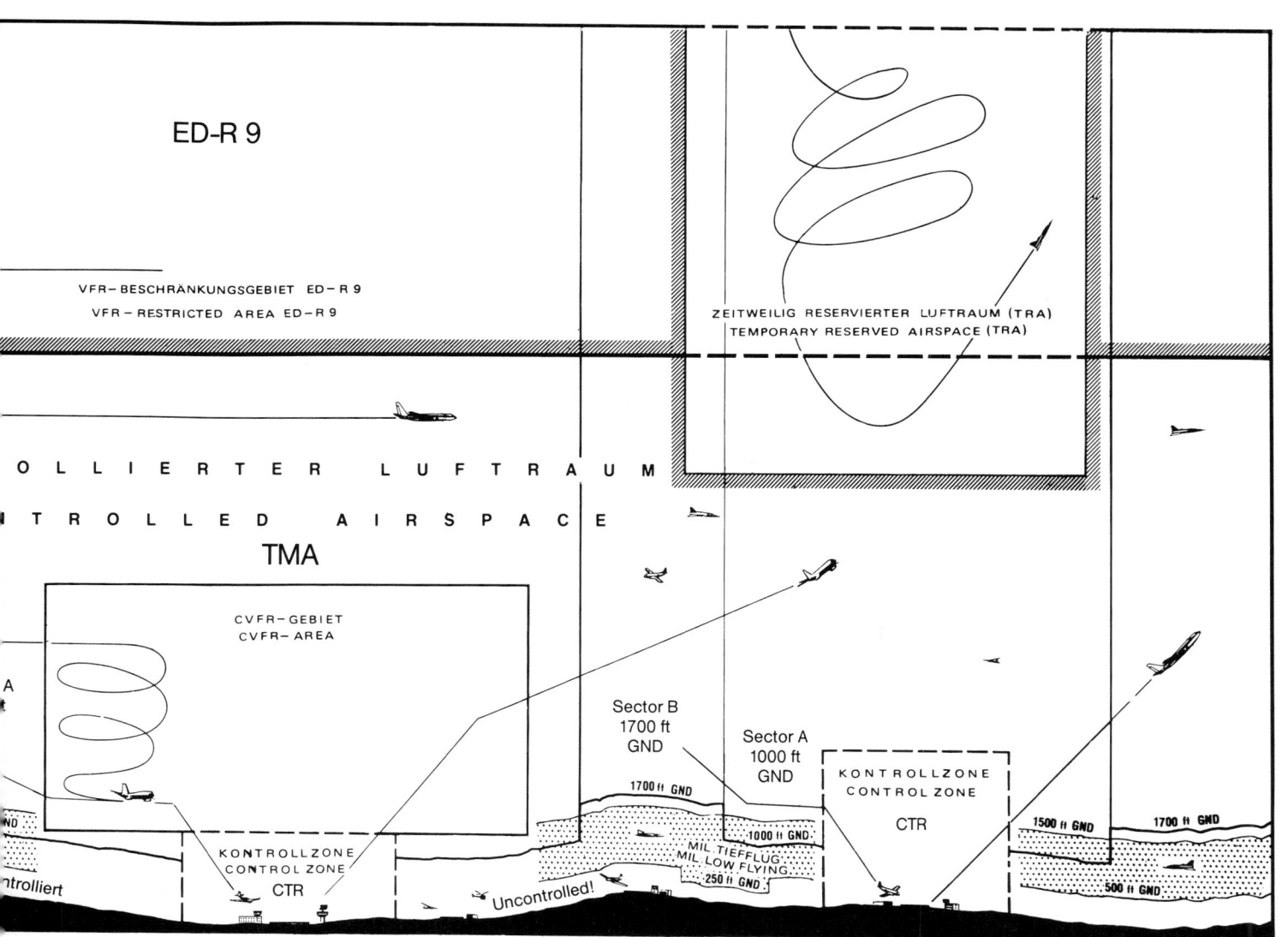

Flugbetrieb

Der Flugbetrieb richtet sich weitgehend nach den Vorschriften der Luftverkehrs-Ordnung, die für alle Luftfahrzeuge gleichermaßen gilt. Ergänzende Regeln für Gleitsegel und Hängegleiter sind in der Flugbetriebsordnung für Hängegleiter und Gleitsegel festgelegt.

Allgemeine Regeln

LuftVO § 1 [Grundregeln für das Verhalten im Luftverkehr] (1) Jeder Teilnehmer am Luftverkehr hat sich so zu verhalten, daß Sicherheit und Ordnung im Luftverkehr gewährleistet sind und kein anderer gefährdet, geschädigt oder mehr als nach den Umständen unvermeidbar behindert oder belästigt wird.
(2) Der Lärm, der bei dem Betrieb eines Luftfahrzeugs verursacht wird, darf nicht stärker sein, als es die ordnungsgemäße Führung oder Bedienung unvermeidbar erfordert.
(3) Wer infolge des Genusses alkoholischer Getränke oder anderer berauschender Mittel oder infolge geistiger oder körperlicher Mängel in der Wahrnehmung der Aufgaben als Führer eines Luftfahrzeuges behindert ist, darf kein Luftfahrzeug führen.

Anmerkung: Die Promille-Grenzen liegen im Luftverkehr erheblich niedriger als im Straßenverkehr. Bereits ab 0,7 ‰ BAK begeht der Pilot eine Straftat nach § 216 Strafgesetzbuch wegen absoluter Fluguntüchtigkeit, ab 0,4 ‰ BAK eine bußgeldpflichtige Ordnungswidrigkeit wegen relativer Fluguntüchtigkeit.

LuftVO § 3 [Verantwortung des Luftfahrzeugführers] (1) Der Luftfahrzeugführer hat das Entscheidungsrecht über die Führung des Luftfahrzeugs. Er hat die während des Flugs, bei Start und Landung und beim Rollen aus Gründen der Sicherheit notwendigen Maßnahmen zu treffen.
(2) Der Luftfahrzeugführer hat dafür zu sorgen, daß die Vorschriften dieser Verordnung und sonstiger Verordnungen über den Betrieb von Luftfahrzeugen sowie die in Ausübung der Luftaufsicht zur Durchführung des Flugs ergangenen Verfügungen eingehalten werden.

LuftPersV § 97a [Vertrautmachen mit Luftsportgeräten] Ein Luftsportgeräteführer muß sich vor Antritt eines Fluges mit einem Luftsportgerät, das er bisher nicht oder innerhalb der letzten 24 Monate nicht geführt oder bedient hat, in einer Luftfahrerschule oder durch einen Fluglehrer vertraut machen. Das theoretische und praktische Vertrautmachen hat sich auf den Aufbau und die Ausrüstung, auf die Führung und Bedienung des Luftsportgerätes im Normalflug und in besonderen Flugzuständen sowie auf das Verhalten in Notfällen und bei Unfällen zu erstrecken. Der Beauftragte kann allgemein oder im Einzelfall Ausnahmen zulassen. ☐☐☐

Sicherheitsausrüstung

LuftBO § 3 [Kopfschutz, Rettungsgerät]
☐☐☐
(2) Luftsportgeräte dürfen nur mit einem zugelassenen Rettungsgerät betrieben werden. Luftsportgeräteführer und Fluggast müssen einen geeigneten Kopfschutz zur Abwehr von Verletzungen bei Unfällen oder sonstigen Störungen tragen. Der Beauftragte kann Ausnahmen zulassen. Absatz 1 bleibt unberührt.

Anmerkung: Für die Pflicht, ein Rettungsgerät mitzuführen, hat der Deutsche Hängegleiterverband als Beauftragter bei Flügen mit einem ständigen Abstand von weniger als 50 m über Grund eine Ausnahme zugelassen, siehe Flugbetriebsordnung.

Ebenfalls in der Flugbetriebsordnung ist das Mitführen einer **Rettungsschnur** mit einer Mindestlänge von 30 m und einer Mindestzerreißfestigkeit von 50 kp vorgeschrieben. Diese Rettungsschnur ermöglicht nach einer Baumlandung dem Piloten, Bergungsseile und anderes Rettungsmaterial heraufzuziehen.

Foto: Charlie Jöst

Flugvorbereitung

LuftBO § 3a **[Umfang der Flugvorbereitung]** (1) Bei der Vorbereitung des Flugs hat der Luftfahrzeugführer sich mit allen Unterlagen und Informationen, die für die sichere Durchführung des Flugs von Bedeutung sind, vertraut zu machen und sich davon zu überzeugen, daß das Luftfahrzeug und die Ladung sich in verkehrssicherem Zustand befinden, die zulässige Flugmasse nicht überschritten wird, die vorgeschriebenen Ausweise vorhanden sind und die erforderlichen Angaben über den Flug im Bordbuch, soweit es zu führen ist, eingetragen werden.

□ □ □

(3) Ein Flug führt über die Umgebung eines Flugplatzes hinaus (Überlandflug), wenn der Luftfahrzeugführer den Verkehr in der Platzrunde nicht mehr beobachten kann.

Foto: Michel Weingartner

LuftVO § 24 **[Prüfung der Flugvorbereitung und Ausweise]** Auf Verlangen der für die Wahrnehmung der Luftaufsicht zuständigen Personen oder Stellen hat

1. der Luftfahrzeugführer nachzuweisen, daß er den Flug ordnungsgemäß vorbereitet hat,
2. das Luftfahrtpersonal die vorgeschriebenen Ausweise, insbesondere die Scheine und Zeugnisse für die Besatzung und das Luftfahrzeug, zur Prüfung auszuhändigen.

Anmerkung: Spezielle Kriterien für das Flugwetter sind in der Flugbetriebsordnung festgelegt.

Sichtflugregeln

Die Mindestbedingungen für die Sicht müssen beim Start und während des gesamten Fluges eingehalten sein, das heißt, daß bei unbeständigen Wolkenlöchern nicht geflogen werden darf.

LuftVO § 29 **[Flüge im unkontrollierten Luftraum]**
(1) Flüge nach Sichtflugregeln außerhalb des kontrollierten Luftraums in Höhen von weniger als 900 m (3000 Fuß) über Grund oder Wasser sind □ □ □ so durchzuführen, daß

1. der Luftfahrzeugführer Erdsicht und eine Flugsicht von mindestens 1,5 km hat und
2. das Luftfahrzeug Wolken nicht berührt.
□ □ □

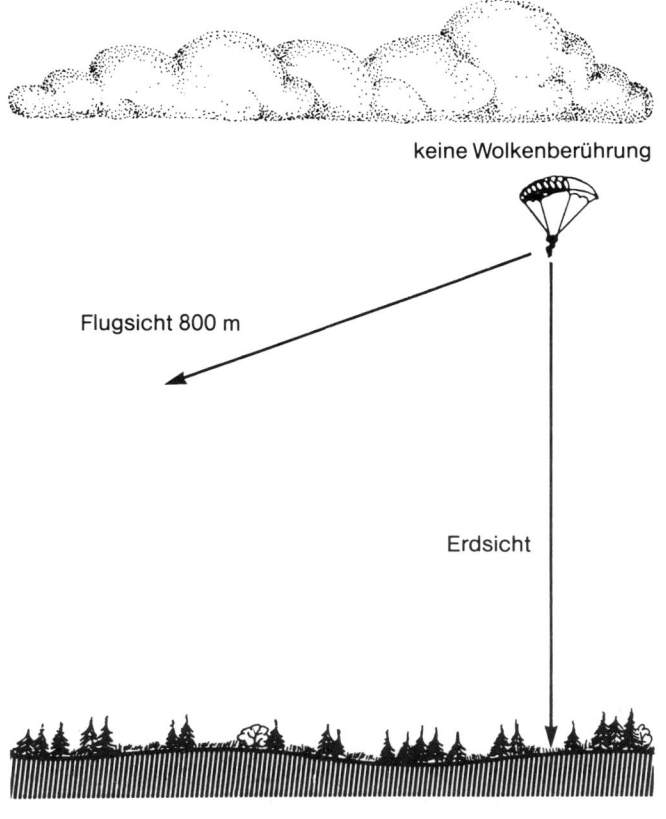

keine Wolkenberührung

Flugsicht 800 m

Erdsicht

Verhalten im Flug

LuftVO § 6 **[Sicherheitsmindesthöhe]** (1) Die Sicherheitsmindesthöhe darf nur unterschritten werden, soweit es bei Start und Landung notwendig ist. Sicherheitsmindesthöhe ist die Höhe, bei der weder eine unnötige Lärmbelästigung im Sinne des §1 Abs.2 noch im Falle einer Notlandung eine unnötige Gefährdung von Personen und Sachen zu befürchten ist, mindestens jedoch über Städten, anderen dichtbesiedelten Gebieten und Menschenansammlungen eine Höhe von 300 m (1000 Fuß) über dem höchsten Hindernis in einem Umkreis von 600 m, in allen übrigen Fällen eine Höhe von 150 m (500 Fuß) über Grund oder Wasser. Segelflugzeuge, Hängegleiter, Gleitsegel und Ballone können die Höhe von 150 m auch unterschreiten, wenn die Art ihres Betriebes dies notwendig macht und eine Gefahr für Personen und Sachen nicht zu befürchten ist.
(2) Brücken und ähnliche Bauten sowie Freileitungen und Antennen dürfen nicht unterflogen werden.
□ □ □

LuftVO § 12 **[Vermeidung von Zusammenstößen]**
(1) Der Luftfahrzeugführer hat zur Vermeidung von Zusammenstößen zu Luftfahrzeugen sowie anderen Fahrzeugen und sonstigen Hindernissen einen ausreichenden Abstand einzuhalten. Im Fluge, ausgenommen bei Start und Landung, ist zu einzelnen Bauwerken oder anderen Hindernissen ein Mindestabstand von 150 m einzuhalten. § 6 Abs. 1 bleibt unberührt. Satz 2 gilt nicht für Segelflugzeuge, Hängegleiter, Gleitsegel und bemannte Freiballone; □ □ □

LuftVO § 13 **[Ausweichregeln]** (1) Luftfahrzeuge, die sich im Gegenflug einander nähern, haben, wenn die Gefahr eines Zusammenstoßes besteht, nach rechts auszuweichen.

(2) Kreuzen sich die Flugrichtungen zweier Luftfahrzeuge in nahezu gleicher Höhe, so hat das Luftfahrzeug, das von links kommt, auszuweichen. Jedoch haben stets auszuweichen:
1. motorgetriebene Luftfahrzeuge, die schwerer als Luft sind, den Luftschiffen, Segelflugzeugen, Hängegleitern, Gleitsegeln und Ballonen;
2. Luftschiffe den Segelflugzeugen, Hängegleitern, Gleitsegeln und Ballonen;
3. Segelflugzeuge, Hängegleiter, Gleitsegel den Ballonen;
4. motorgetriebene Luftfahrzeuge den Luftfahrzeugen, die andere Luftfahrzeuge oder Gegenstände erkennbar schleppen.
Motorsegler, deren Motor nicht in Betrieb ist, gelten bei Anwendung der Ausweichregeln als Segelflugzeuge.
(3) Überholt ein Luftfahrzeug ein anderes, so hat das überholende Luftfahrzeug, auch wenn es steigt oder sinkt, den Flugweg des anderen zu meiden und seinen Kurs nach rechts zu ändern. Ein Luftfahrzeug überholt ein anderes, wenn es sich dem anderen von rückwärts in einer Flugrichtung nähert, die einen Winkel von weniger als 70 Grad zu der Flugrichtung des anderen bildet. □ □ □
(4) Luftfahrzeugen im Endteil des Landeanflugs und landenden Luftfahrzeugen ist auszuweichen.
(5) Von mehreren einen Flugplatz gleichzeitig zur Landung anfliegenden Luftfahrzeugen, die schwerer als Luft sind, hat das höher fliegende dem tiefer fliegenden Luftfahrzeug auszuweichen. Jedoch haben motorgetriebene Luftfahrzeuge, die schwerer als Luft sind, anderen Luftfahrzeugen in jedem Fall auszuweichen. Ein tiefer fliegendes Luftfahrzeug darf ein anderes Luftfahrzeug, das sich im Endteil des Landeanflugs befindet, nicht unterschneiden oder überholen.
(6) Ein Luftfahrzeug darf erst starten, wenn keine Gefahr eines Zusammenstoßes besteht.

(7) Ein Luftfahrzeug hat einem anderen Luftfahrzeug, das erkennbar in seiner Manövrierfähigkeit behindert ist, auszuweichen.

(8) Ein Luftfahrzeug, das nach den Absätzen 1 bis 5 und 7 nicht auszuweichen oder seinen Kurs zu ändern hat, muß seinen Kurs und seine Geschwindigkeit beibehalten, bis eine Zusammenstoßgefahr ausgeschlossen ist.

(9) Die Vorschriften über die Ausweichregeln entbinden die beteiligten Luftfahrzeugführer nicht von ihrer Verpflichtung, so zu handeln, daß ein Zusammenstoß vermieden wird. Ein Luftfahrzeug, das nach den Absätzen 2 bis 5 und 7 einem anderen Luftfahrzeug ausweichen oder dessen Flugweg meiden und seinen Kurs ändern muß, darf das andere Luftfahrzeug nur in einem Abstand überfliegen, unterfliegen oder vor diesem vorbeifliegen, der eine Gefährdung oder Behinderung dieses Luftfahrzeugs ausschließt.

Anmerkung: Weitere Abstands- und Ausweichregeln speziell für Gleitsegel und Hängegleiter sind in der Flugbetriebsordnung festgelegt.

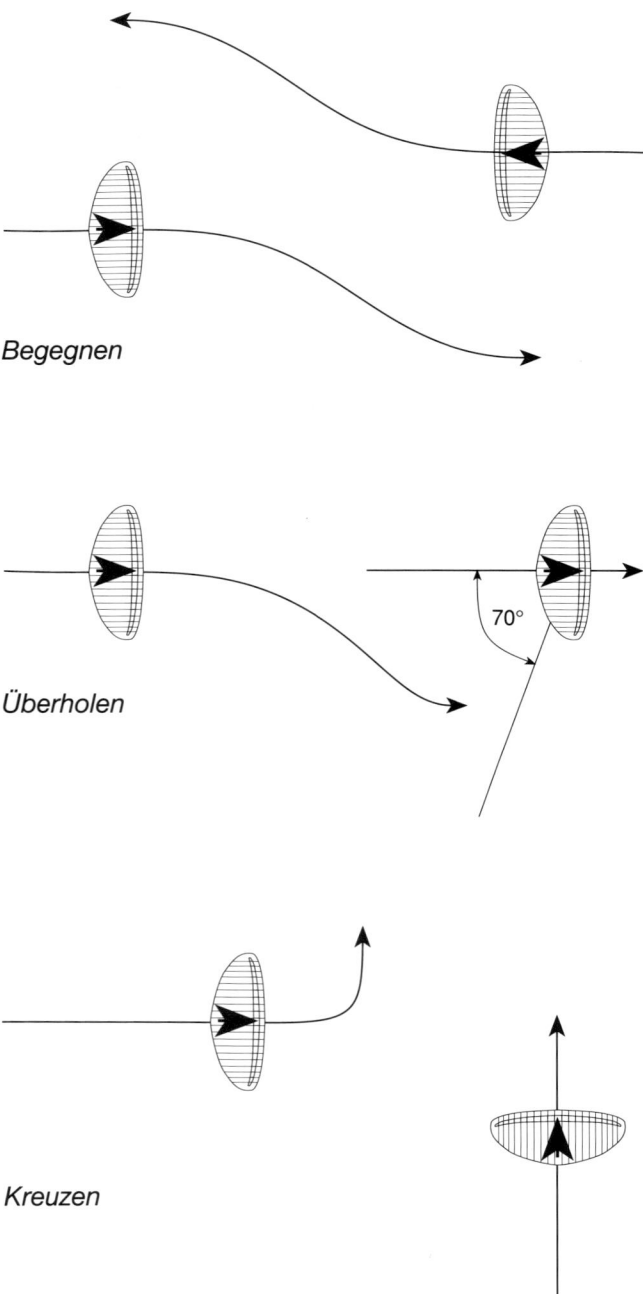

Begegnen

Überholen

70°

Kreuzen

Foto: Günter Kozeny

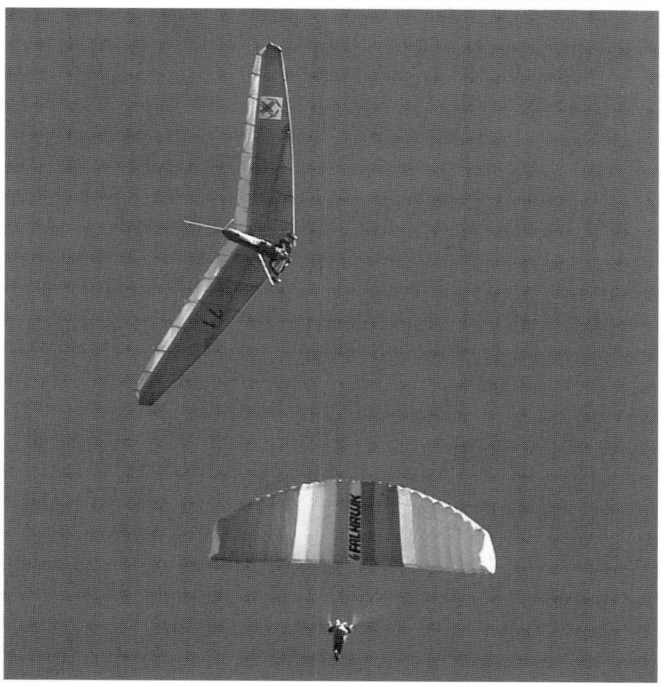

Foto: Charlie Jöst

Betriebliche Besonderheiten

LuftVO § 7 **[Abwerfen von Gegenständen]** (1) Das Abwerfen oder Ablassen von Gegenständen oder sonstigen Stoffen aus oder von Luftfahrzeugen ist verboten. Dies gilt nicht für Ballast in Form von Wasser oder feinem Sand, für Treibstoffe, Schleppseile, Schleppbanner und ähnliche Gegenstände, wenn sie an Stellen abgeworfen oder abgelassen werden, an denen eine Gefahr für Personen oder Sachen nicht besteht. □ □ □

LuftVO § 8 **[Kunstflug]** (1) □ □ □ Kunstflüge mit Luftsportgeräten sind nicht erlaubt.

Anmerkung: Kunstflug sind Flugzustände mit einer Neigung von mehr als 60 Grad um die Quer- oder Längsachse oder mit gegenläufiger Flügelanströmung (z.B. Trudeln). Die besondere Gefährlichkeit des Kunstfluges ist hauptsächlich technischer Art: Die technischen Prüfungen der Geräte beschränken sich auf die normalen Fluglagen. Kunstflug kann zum Versagen eines jeden Gerätes führen und ist deshalb auch eine unzulässige Überschreitung der Gerätebetriebsgrenzen.

LuftVO § 9 **[Reklameflüge]** □ □ □ (4) Reklameflüge, bei denen die Reklame nur in der Beschriftung des Luftfahrzeugs besteht, bedürfen keiner Erlaubnis.
(5) Flüge zur Reklame mit akustischen Mitteln sind verboten.

LuftVO § 14 **[Wolkenflug]** □ □ □ Wolkenflüge mit Luftsportgeräten sind nicht erlaubt.

LuftVO § 33 **[Flüge bei Nacht]** □ □ □ Als Nacht gilt der Zeitraum zwischen einer halben Stunde nach Sonnenuntergang und einer halben Stunde vor Sonnenaufgang. Flüge nach Sichtflugregeln bei Nacht mit Luftsportgeräten □ □ □ sind nicht erlaubt.

Foto:
Günter Kozeny

LuftVO § 34 **[Such- und Rettungsflüge]** Bei Flügen mit Such- und Rettungseinsatz oder zur Hilfeleistung bei einer Gefahr für Leib und Leben einer Person kann von den §§ 28 bis 33 abgewichen werden.

LuftVZO § 74 **[Luftfahrtveranstaltungen]** □ □ □ (4) Luftfahrtveranstaltungen, an denen nur Flugmodelle, Hängegleiter oder Gleitsegel teilnehmen, die nicht der Verkehrszulassungspflicht unterliegen, bedürfen nicht der Genehmigung.

Für **Passagierflüge** muß der Pilot eine besondere Berechtigung besitzen, und das Gerätemuster muß für den doppelsitzigen Betrieb zugelassen sein.

Schleppflüge erfordern ebenfalls eine besondere Berechtigung für Pilot und Windenführer und die entsprechende Musterzulassung. Schlepp hinter Ultraleichtflugzeugen ist mit Hängegleitern gestattet, mit Gleitsegeln nicht.

Motorgetriebene Gleitsegel und Hängegleiter sind Ultraleichtflugzeuge. Sie unterliegen den für Ultraleichtflugzeuge geltenden Vorschriften.

Foto: Charlie Jöst

Foto: Günter Kozeny

Betriebsstörungen und Unfälle

Anders als im Straßenverkehr besteht in der Luftfahrt ein engmaschiges System für die Gefahren- und Unfallmeldung und für die Signalgebung. Die Unfallverhütung steht im Vordergrund.

LuftVO § 20 [Gefahrenmeldung] Der Luftfahrzeugführer hat Beobachtungen über Gefahren für den Luftverkehr unverzüglich der für ihn zuständigen Flugverkehrskontrollstelle zu melden. Die Meldungen sollen alle Einzelheiten enthalten, die für die Gewährleistung der Sicherheit des Luftverkehrs wesentlich sind.

LuftVO § 21 [Signale] □□□ (2) Die Signale □□□ der Anlage 2 sind nur für die darin beschriebenen Zwecke anzuwenden; andere Signale □□□, die hiermit verwechselt werden können, dürfen nicht verwendet werden.
□□□

Anlage 2 zu § 21 LuftVO – § 1 [Wahl der Signale] Der Führer eines Luftfahrzeugs darf in einer Notlage jedes verfügbare Mittel benutzen, um sich bemerkbar zu machen, seinen Standort bekanntzugeben und Hilfe herbeizurufen.

Anlage 2 zu § 21 LuftVO – § 2 [Notsignale] Die folgenden, entweder zusammen oder einzeln gegebenen, Signale bedeuten, daß schwere und unmittelbare Gefahr droht und daß sofortige Hilfe angefordert wird:
1. Ein durch Tastfunk oder auf andere Art gegebenes Signal, das aus der Gruppe SOS(··· ––– ··· des Morsealphabets) besteht;
2. ein durch Sprechfunk gegebenes Signal, das aus dem gesprochenen Wort »MAYDAY« besteht;
3. einzeln und in kurzen Zeitabständen abgefeuerte rotleuchtende Raketen oder Leuchtkugeln;
4. ein Leuchtfallschirm mit rotem Licht.

LuftVO § 5 [Anzeige von Flugunfällen und sonstigen Störungen] □□□ (2) Störungen bei dem Betrieb eines Luftfahrzeugs, bei denen eine Person getötet oder schwer verletzt worden ist oder ein Luftfahrzeug einen schweren Schaden erlitten oder verursacht hat, hat der Luftfahrzeugführer, bei dessen Behinderung □ □ □ der Halter des Luftfahrzeugs □□□ unverzüglich der nächst erreichbaren Polizeidienststelle zur Weiterleitung an die Luftfahrtbehörde des Landes □□□ anzuzeigen. □□□
(3) Absatz 2 findet auch auf Störungen Anwendung, die sich bei dem Betrieb eines deutschen Luftfahrzeugs außerhalb des Geltungsbereichs dieser Verordnung ereignet haben; die Anzeige ist jedoch unmittelbar an das Luftfahrt-Bundesamt zu erstatten. □□□
(4) Die Anzeigen nach den Absätzen 1 bis 3 sollen enthalten:
    a) Namen und derzeitigen Aufenthalt des Anzeigenden,
    b) Ort und Zeit der Störung,
    c) Art, Muster und Kenn- und Rufzeichen des Luftfahrzeugs,
    d) Namen des Halters des Luftfahrzeugs,
    e) Zweck des Flugs, Start- und Zielflugplatz,
    f) Namen des Luftfahrzeugführers,
    g) Anzahl der Besatzungsmitglieder und Fluggäste,
    h) Umfang des Personen- und Sachschadens,
    i) Darstellung des Störungsablaufes.
(5) Störungen bei dem Betrieb von Luftsportgeräten hat der Halter des Luftsportgerätes innerhalb von drei Tagen dem Luftfahrt-Bundesamt und dem vom Bundesminister für Verkehr Beauftragten schriftlich anzuzeigen. Absatz 2 findet Anwendung mit der Maßgabe, daß an die Stelle der Luftfahrtbehörde des Landes der Beauftragte tritt. Die Absätze 3 und 4 bleiben unberührt.

Anmerkung: Als schwere Verletzungen beim Gleitsegeln gelten Knochenbrüche – außer Finger, Zehe und Nasenbein – und andere Verletzungen, die zu einem stationären Krankenhausaufenthalt von mehr als 48 Stunden führen. Unter schwerem Schaden am Gleitsegel ist Totalschaden zu verstehen.

Aufsicht

LuftVG § 29 **[Luftaufsicht]** (1) Die Abwehr von Gefahren für die Sicherheit des Luftverkehrs sowie für die öffentliche Sicherheit oder Ordnung durch die Luftfahrt (Luftaufsicht) ist Aufgabe der Luftfahrtbehörden und der für die Flugsicherung zuständigen Stellen. Sie können in Ausübung der Luftaufsicht Verfügungen erlassen. □□□

Anmerkung: Auf Flugplätzen und Geländen, die ausschließlich dem Betrieb von Hängegleitern und Gleitsegeln dienen, obliegt die Aufsicht dem Deutschen Hängegleiterverband und dem Geländehalter. Einzelheiten der Aufsicht sind in der Flugbetriebsordnung für Hängegleiter und Gleitsegel festgelegt.

Foto: Tilman v. Mengershausen

Flugbetriebsordnung

Auszug aus der übergangsweisen Fassung

Abschnitt I: Flugvorbereitung

□ □ □

5. Bei Flügen mit einem ständigen Abstand von weniger als 50 m über Grund muß ein Rettungsgerät nicht mitgeführt werden.

6. Der Pilot hat eine Rettungsschnur mit einer Mindestlänge von 30 m und einer Mindestzerreißfestigkeit von 500 N (ca. 50 kp) mitzuführen.

7 Der Start darf nur erfolgen, wenn Windrichtung und Windgeschwindigkeit einen gefahrlosen Flug zulassen. Ein Start darf nicht erfolgen, wen die höchste Windgeschwindigekit am Startplatz 2/3 der höchsterfliegbaren oder höchstzulässigen Geschwindigkeit des Fluggerätes übersteigt.

Die Windverhältnisse müssen erwarten lassen, daß der Pilot den nächstgelegenen ordnungsgemäßen Landeplatz (nicht Notlandefläche) zuverlässig erreicht. Dabei sind die Geländeverhältnisse, das Fluggerät und das Leistungsvermögen des Piloten zu berücksichtigen.

Bei stark turbulenten Windverhältnissen darf nicht gestartet werden. Je höher die Windgeschwindigkeit ist, desto turbulenzfreier muß die Flugstrecke sein.

□ □ □

Abschnitt II: Startleiter

1. Der Startleiter wird vom Flugplatzhalter (Geländehalter) bestellt.

2. Der Startleiter muß den Befähigungsnachweis (Luftfahrerschein F) für Hängegleiter, Gleitsegel oder Gleitflugzeuge besitzen.□ □ □

3. Der Startleiter ist für das gesamte Fluggebiet zuständig, also auch für verschiedene Startstellen am gleichen Flugplatz (Fluggelände). Seine Entscheidungen sind vorrangig.

4. Wenn ein Startleiter anwesend ist, so darf nur nach ausdrücklicher Startfreigabe durch den Startleiter gestartet werden.
□ □ □

5. Erläßt der Startleiter ein generelles Startverbot, so darf auch bei seiner Abwesenheit niemand starten, solange der Grund für das Startverbot fortbesteht.

□ □ □

9. Die Startfreigabe durch den Startleiter entbindet den Piloten nicht von seiner persönlichen Sorgfaltspflicht. Der Pilot startet auf eigene Gefahr und in eigener Verantwortung. □ □ □

10. Weitergehende Auflagen von Behörden und Geländeleiter sind vorrangig.

Abschnitt III: Allgemeine Flugregeln

1. Als senkrechter und waagrechter Sicherheitsabstand ist einzuhalten
   - 100 m zu Autobahnen;
   - 50 m zu allen anderen Straßen mit Fahrverkehr und zu Eisenbahnlinien;

- 50 m zu Skipisten, Liften und Bergbahnanlagen, sofern diese in Betrieb sind.

Diese Mindestabstände gelten auch für die Landung. Weitergehende Abstandsvorschriften sind vorrangig.

☐ ☐ ☐

4. ☐ ☐ ☐ Vor dem Einleiten der Kehre ist besonders darauf zu achten, daß keine anderen Luftfahrzeuge auf demselben Kurs und in derselben Höhe nachfolgen.

5. Bei einer Begegnung am Hang ist der Pilot ausweichpflichtig, der den Hang zur linken Seite hat.

6. Anfliegende, abfliegende oder kreuzende Fluggeräte weichen den Fluggeräten aus, die sich im Hangaufwind oder im Thermikkreis befinden. Geradeausfliegende Fluggeräte weichen den kreisenden Fluggeräten aus.

7. Die Drehrichtung in der Thermik wird von dem Fluggerät bestimmt, das sich zuerst in der Thermik befindet.

8. Das langsamer steigende Fluggerät weicht dem schneller steigenden aus.

9. Der Landeanflug setzt sich zusammen aus Position, Gegenanflug, Queranflug und Endanflug, eingeordnet in den übrigen Flugbetrieb. Wenn die örtlichen Verhältnisse nicht entgegenstehen, ist die Drehrichtung links.

☐ ☐ ☐

11. Gelände- und flugplatzbezogene spezielle Flugregeln sind zu beachten.

12. bei Notfällen mit möglichem Hubschraubereinsatz ist der Luftraum um das Unfallgebiet weiträumig freizuhalten.

☐ ☐ ☐

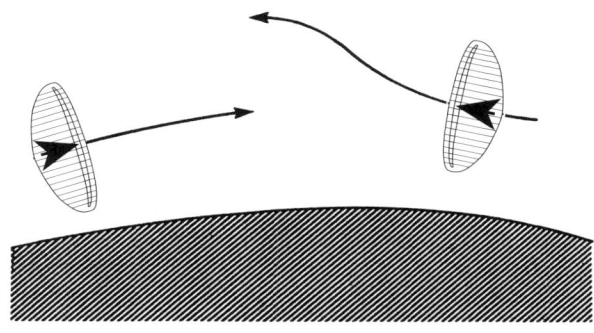

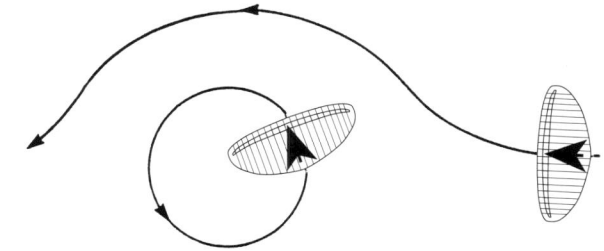

Straf- und Bußgeldvorschriften

LuftVG § 59 [Luftverkehrsgefährdung] (1) Wer als Führer eines Luftfahrzeugs oder als sonst für die Sicherheit Verantwortlicher durch grob pflichtwidriges Verhalten gegen eine im Rahmen der Luftaufsicht erlassene Verfügung (§ 29) verstößt und dadurch Leib oder Leben eines anderen oder fremde Sachen von bedeutendem Wert gefährdet, wird mit Freiheitsstrafe bis zu fünf Jahren oder mit Geldstrafe bestraft.

(2) Wer die Tat fahrlässig begeht, wird mit Freiheitsstrafe bis zu zwei Jahren oder mit Geldstrafe bestraft.

LuftVG § 58 [Ordnungswidrigkeiten] (1) Ordnungswidrig handelt, wer vorsätzlich oder fahrlässig

1. den im Rahmen der Luftaufsicht (§ 29) erlassenen Verfügungen zuwiderhandelt,

□□□

LuftVO § 43 Ordnungswidrig im Sinne des § 58 Abs. 1 Nr.10 des Luftverkehrsgesetzes handelt, wer vorsätzlich oder fahrlässig

1. als Teilnehmer am Luftverkehr entgegen § 1 Abs.1 sich so verhält, daß ein anderer gefährdet, geschädigt oder mehr als nach den Umständen unvermeidbar behindert oder belästigt wird;

2. entgegen § 1 Abs. 2 Lärm bei dem Betrieb eines Luftfahrzeugs verursacht, der stärker ist, als es die ordnungsgemäße Führung oder Bedienung unvermeidbar erfordert;

3. entgegen § 1 Abs. 3 ein Luftfahrzeug führt oder als anderes Besatzungsmitglied tätig wird, obwohl er infolge des Genusses alkoholischer Getränke oder anderer berauschender Mittel oder infolge geistiger oder körperlicher Mängel in der Wahrnehmung seiner Aufgabe behindert ist, wenn die Tat nicht in den §§ 315 a und 316 des Strafgesetzbuchs mit Strafe bedroht ist;

□□□

5. einer Vorschrift des § 3 über die Pflichten des Luftfahrzeugführers zuwiderhandelt;

6. entgegen § 3 a Abs. 1 oder 2 die Flugvorbereitung nicht oder nicht ordnungsgemäß durchführt;

7. einer Vorschrift des § 4 Abs. 2, § 28 Abs. 1, 2 oder 4, § 29 Abs. 1 oder 2, § 31 Abs. 1, 2 oder 4, § 32 oder § 33 über Flüge nach Sichtflugregeln zuwiderhandelt;

□□□

10. als Halter, Führer oder anderes Besatzungsmitglied entgegen § 5 Abs. 1, 2, 3 oder 5 Störungen bei dem Betrieb eines Luftfahrzeugs nicht, nicht rechtzeitig oder nicht ordnungsgemäß anzeigt;

11. entgegen § 6 Abs. 1 die Sicherheitsmindesthöhe unterschreitet oder entgegen § 6 Abs. 2 Brücken oder ähnliche Bauten, Freileitungen oder Antennen unterfliegt;

12. entgegen § 7 Abs. 1 Gegenstände oder sonstige Stoffe abwirft oder abläßt;

13. entgegen § 8 Kunstflüge ausführt;

14. entgegen § 9 Abs. 1, 2 oder 5 Schlepp- oder Reklameflüge ausführt;

□□□

18. einer Vorschrift des § 12 oder § 19 Abs. 1 zur Vermeidung von Zusammenstößen zuwiderhandelt;

19. eine Ausweichregel des § 13 nicht befolgt;

□□□

24. entgegen § 20 Satz 1 eine Beobachtung über eine Gefahr für den Luftverkehr nicht, nicht unverzüglich oder nicht ordnungsgemäß meldet;

25. einer Vorschrift des § 21 über Signale und Zeichen zuwiderhandelt;

□□□

LuftBO § 57 Ordnungswidrig im Sinne des § 58 Abs. 1 Nr. 10 des Luftverkehrsgesetzes handelt, wer vorsätzlich oder fahrlässig

2. als Halter von Luftfahrtgerät, Betriebsleiter oder Luftfahrzeugführer

a) entgegen § 3 Abs. 2 Satz 1 ein Luftsportgerät ohne zugelassenes Rettungsgerät betreibt;

□□□

7a. entgegen §3 Abs. 2 Satz 2 keinen geeigneten Kopfschutz trägt;

□□□

Haftung und Versicherung

Das Haftungs- und Versicherungsrecht im Luftverkehr ist ähnlich dem im Straßenverkehr. Gekennzeichnet ist dieses Rechtsgebiet durch verschärfte Haftungs- und Versicherungsbestimmungen, wobei – und darin liegt ein Unterschied zum Straßenverkehr – auch Gleitsegel und Hängegleiter als motorlose Luftfahrzeuge unter diese verschärften Bestimmungen fallen.

Verschuldens- und Gefährdungshaftung

Wer schuldhaft – nämlich fahrlässig oder vorsätzlich – einen Schaden verursacht, hat nach dem Bürgerlichen Gesetzbuch (BGB) dem Geschädigten den Schaden zu ersetzen. Diese Ersatzpflicht gilt für alle Lebensbereiche, für Familie, Freizeit, Beruf, Straßenverkehr und auch den Luftverkehr. Ersatzpflichtig ist immer der Schuldige (Verschuldenshaftung), im Luftverkehr normalerweise der Pilot. Umgekehrt entfällt die Verschuldenshaftung, wenn ein Verschulden fehlt. Dies ist im Luftverkehr denkbar, wenn beispielsweise der Pilot überraschend ohnmächtig wird und einen Unfall mit Drittschaden verursacht. Gäbe es nur die Verschuldenshaftung, würde in diesem Beispiel der Geschädigte leer ausgehen.

Dem Geschädigten bleibt jedoch ein zweiter Ersatzanspruch gegen den Halter des beteiligten Luftfahrzeuges. Diese Ersatzpflicht des Halters heißt Gefährdungshaftung oder Haftung aus der Betriebsgefahr. Sie besteht auch dann, wenn ein Verschulden nicht vorliegt. Der Gesetzgeber hat sie besonders für den Kraftfahrzeug- und den Luftverkehr geschaffen, weil von den Autos und den Luftfahrzeugen für die Allgemeinheit eine besondere Gefahr ausgeht, der die bloße Verschuldenshaftung nicht gerecht wird.

Verschuldens- und Gefährdungshaftung können für denselben Sachverhalt nebeneinander bestehen. Der

Foto: Günter Kozeny

Geschädigte hat den Ersatzanspruch jedoch nur einmal – auf den höheren der beiden Anspruchsbeträge.

LuftVG § 33 **[Ersatzpflicht des Halters und des Benutzers]** (1) Wird beim Betrieb eines Luftfahrzeugs durch Unfall jemand getötet, sein Körper oder seine Gesundheit verletzt oder eine Sache beschädigt, so ist der Halter des Luftfahrzeugs verpflichtet, den Schaden zu ersetzen. □ □ □ Wer Personen zu Luftfahrern ausbildet, haftet diesen Personen gegenüber nur nach den allgemeinen gesetzlichen Vorschriften.

(2) Benutzt jemand das Luftfahrzeug ohne Wissen und Willen des Halters, so ist er an Stelle des Halters zum Ersatz des Schadens verpflichtet. Daneben bleibt der Halter zum Ersatz des Schadens verpflichtet, wenn die Benutzung des Luftfahrzeugs durch sein Verschulden ermöglicht worden ist. Ist jedoch der Benutzer vom Halter für den Betrieb des Luftfahrzeugs angestellt oder ist ihm das Luftfahrzeug vom Halter überlassen worden, so ist der Halter zum Ersatz des Schadens verpflichtet; die Haftung des Benutzers nach den allgemeinen gesetzlichen Vorschriften bleibt unberührt.

Haftungsgrenzen

Wenn Verschuldenshaftung vorliegt, gibt es keine Haftungshöchstgrenzen. Wenn beispielsweise bei einem Luftfahrzeugunfall der Schaden 3,5 Mio. DM beträgt, dann hat der schuldige Pilot für 3,5 Mio. DM zu haften. Dagegen ist die Gefährdungshaftung der Höhe nach begrenzt.

LuftVG § 37 **[Haftungshöchstbeträge]** (1) Der Ersatzpflichtige haftet für die Schäden aus einem Unfall
    a) – bei Flugmodellen bis 20 Kilogramm Höchstgewicht,
    – bei anderen Luftfahrzeugen, soweit sie nicht durch Verbrennungsmotor angetrieben werden können, bis 750 Kilogramm Gewicht
    bis zu 2,5 Millionen Deutsche Mark.
□□□
(2) Die Höchstsumme des Schadensersatzes für jede verletzte Person beträgt 500 000 Deutsche Mark.
□□□

Foto: Charlie Jöst

Versicherungspflicht

Zunächst ist der Haftpflichtige stets persönlich ersatzpflichtig, sei es als Pilot auf Grund Verschuldenshaftung oder als Halter auf Grund Gefährdungshaftung oder er haftet auf Grund von Gefährdungs- und Verschuldenshaftung, wenn – wie im Gleitsegelsport üblich – der Pilot mit dem Halter identisch ist. Der Geschädigte kann sich also unmittelbar an den Piloten bzw. Halter wenden. Er riskiert freilich, daß dort nicht genügend Geld zu holen ist.

Deshalb hat der Gesetzgeber die Gefährdungshaftung zusätzlich dadurch abgesichert, daß er Versicherungspflicht für die Schadensfälle aus der Gefährdungshaftung vorgeschrieben hat. Jeder Halter eines Kraftfahrzeugs oder Luftfahrzeugs ist verpflichtet, dafür eine Haftpflichtversicherung abzuschließen. Obwohl die Versicherungspflicht sich auf die Gefährdungshaftung des Halters beschränkt, ist in den Versicherungsverträgen zwischen Halter und Haftpflichtversicherer üblicherweise auch die Verschuldenshaftung des berechtigten Piloten mitversichert.

LuftVG § 43 **[Haftpflichtversicherung]** (1) Zur Sicherung der in diesem Unterabschnitt genannten Schadensersatzforderungen ist der Halter des Luftfahrzeugs verpflichtet, ☐ ☐ ☐ eine Haftpflichtversicherung abzuschließen.
☐ ☐ ☐

LuftVZO § 103 **[Versicherungsnachweis]** ☐ ☐ ☐ (5) Die zuständige Stelle kann jederzeit die Vorlage des Versicherungsscheins und den Nachweis über die Zahlung des letzten Beitrags verlangen. Bei dem Betrieb von Luftfahrzeugen, die nicht der Verkehrszulassung nach § 6 bedürfen, ist als Versicherungsnachweis eine Bescheinigung des Versicherers mitzuführen, aus der Umfang und Dauer des Versicherungsschutzes ersichtlich sind. Liegt Gruppenversicherung vor, kann die Bescheinigung mit Ermächtigung des Versicherers vom Versicherungsnehmer ausgestellt werden, wobei der Name und die Anschrift des Versicherers anzugeben sind. Die Bescheinigung ist den zuständigen Stellen auf Verlangen vorzuzeigen.

Wenn keine Versicherung abgeschlossen ist, tritt keine Versicherung für den Halter und den Piloten ein und beide sind persönlich ersatzpflichtig. Wer ein Fluggerät »ohne Wissen und Willen des Halters« benutzt, hat keinen Versicherungsschutz, auch nicht von seiner eigenen Versicherung. Wenn den Geschädigten ein Mitverschulden trifft, beispielsweise bei einer Kollision, so mindert sich der Ersatzanspruch entsprechend dem Grad des Mitverschuldens.

LuftVZO § 108 **[Ordnungswidrigkeiten]** Ordnungswidrig im Sinne des § 58 Abs. 1 Nr. 10 des Luftverkehrsgesetzes handelt, wer vorsätzlich oder fahrlässig
☐ ☐ ☐
5. als Führer eines Luftfahrzeuges entgegen
☐ ☐ ☐
    d) § 103 Abs. 5 Satz 2 die Bescheinigung über die Haftpflichtversicherung beim Betrieb des Luftfahrzeugs nicht mitführt;
☐ ☐ ☐

Gleitsegelschulen

Als Prüf- und Zulassungsstelle besteht unsere Aufgabe darin, die Erfüllung der rechtlich vorgeschriebenen Mindestanforderungen für die Flugschulen zu prüfen. Die in dieser Liste genannten Flugschulen erfüllen diese Mindestanforderungen. Darüber hinausgehende Bewertungen der Flugschulen sind uns aus Neutralitätsgründen nicht möglich.
Die Struktur der Flugschulen ist unterschiedlich. Ein Teil arbeitet mit hauptberuflichen Fluglehrern und bietet ganzjährig ein dichtes Ausbildungsprogramm. Andere Flugschulen werden nebenberuflich betrieben und bilden hauptsächlich an den Wochenenden aus.

DHV-Ausbildungsreferat

Top Gliders Gleitschirmschule
Kesselsdorfer Straße 42
01159 Dresden
0351/4226274, Fax 4226262

Flugschule Lukas Bader
Siedlungstraße 13
06917 Rettig
035388/20233, Fax 20239

Ostthüringer Gleitschirmschule
Rosenthaler Straße 25
07338 Leutenberg
036734/30357, Fax 30357

Startplatz Paragliding
Zwätzengasse 13
07743 Jena
Fax 03641/855902

HG/GS Luftfahrerschule Kiel
Alte Lübecker Chaussee 25
24113 Kiel
0431/697823

**Flugschule Bielefeld
Drachen & Gleitschirmfliegen**
Heeperstraße 148
33607 Bielefeld
0521/69011, Fax 69088

**Drachen- und Gleitsegel-
flugschule und Shop Werther**
Schwarzer Weg 2–4
33824 Werther
05203/1475, Fax 6645

Air-Flugsport GmbH
Welleringhausen 28
34508 Willingen
05632/92160, Fax 92161

Flugschule Willingen
Zur Hoppecke 12
34508 Willingen
05632/368100, Fax 368101

**Hessische Gleitschirmschule
Hot Sport**
Breslauer Straße 12
35096 Weimar
06421/12345, Fax 77455

**Drachen- und Gleitschirm-
flugschule »Flugcenter
Wasserkuppe«**
Obernhausen 48 a
36129 Gersfeld
06654/7548, Fax 8296

**Papillon Drachen- und
Gleitschirmflugschule**
St.-Laurentius-Straße 7
36163 Poppenhausen
06658/1432, Fax 1611

**Drachen- und Gleitschirmschule
Goslar**
Beekstraße 26
38640 Goslar
05321/18899, Fax 41764

Harzer Gleitschirmschule
Arnsbergstraße 10
38667 Bad Harzburg
05322/1415, Fax 2001

LSC Bayer Leverkusen e. V.
Flugplatz
51373 Leverkusen
0214/43334, Fax 401776

**Drachenflug- und Gleitsegel-
schule Oberberg**
Cosimastraße 2
51674 Wiehl
02262/92430, Fax 980064

Drachen- und Gleitsegelschule Fritz Kurz
Hindemithstraße 39
55127 Mainz
06131/72351

VFL Altena-Hegenscheid e.V.
Berliner Straße 15
58675 Herner
02372/4676, Fax 4676

WDS Drachen- und Gleitschirmschule
Talstraße 12–14
59955 Winterberg
02981/6640, Fax 3018

Flugschule Sunrise
Untergasse 27
69469 Weinheim
06201/182911, Fax 182911

Flugschule Rhein-Main-Neckar
Balzenbacher Straße 8
69488 Birkenau
06201/34626, Fax 34168

Luftikus, Eugen's Flugschule
Hartwaldstraße 65 b
70378 Stuttgart
0711/537928, Fax 537928

Flugschule Frank
Fasanenweg 8
71522 Backnang
07191/65475, Fax 63793

Glidezeit GmbH Gleitschirm- und Drachenflugschule Tübingen
Alberstraße 3
72074 Tübingen
07071/81144, Fax 81029

Gleitsegelschule Schwäbische Alb
Reinhardtstraße 43
72649 Wolfschlugen
07022/52654, Fax 52654

Flugschule Albatros
Grießstraße 9
72870 Sonnenbühl 4
07128/463

Flugschule Göppingen
Zeppelinstraße 3
73105 Dürnau
Fax 07164/120-29

HB-Drachensport
Christian-Schubart-Straße 17
74544 Michelbach
0791/41151, Fax 48079

Gleitschirmschule Löffler
Kaiserstraße 17
76131 Karlsruhe
0721/378878, Fax 377806

Gleitschirmschule Michael Wagner
Karlsruher Straße 66 a
76287 Rheinstetten
0721/515363, Fax 515598

BIRDY AIRVENTURE
Weg zum Rothenbächle 6
76332 Bad Herrenalb
07083/51611, Fax 51692

Sky Sports Paragliding
Wilhelm-Tell-Straße 1
76470 Ötigheim
07222/24744, Fax 68258

Skytec Drachen- und Gleitsegelzentrum / Gerhard Hölzenbein
Scheffelstraße 45
79102 Freiburg
Fax 0761/77568 oder 700030

Drachen- und Gleitschirmflugschule Dreyeckland
Mülhauser Straße 5
79110 Freiburg
0761/84227, Fax 84227

Drachen- und Gleitschirmschule Elztal
Hinterzinken 11
79215 Elzach
07682/7710, Fax 6192

Horizont-Design
Finkenherd 1
79271 St. Peter
07660/1626, Fax 1627

SKYMASTER
Walter Wagner's Flugsport-Team
Friedrichstraße 7
79677 Schönau
07673/8511, Fax 8590

Airpower Gleitschirmschule
Beim Steinernen Kreuz 10
79798 Jestetten
07745/308, Fax 477

Deutsche Gleitschirmschule
Martin Cornel
Erzgiessereistraße 48
80335 München
089/522729, Fax 5232882

Gleitschirmschule Fly for Fun
Michael Engelhardt
Müllerstraße 10
80469 München
089/2603200, Fax 2603338

AEROMAX Gleitsegelschule
GmbH
Engelhardstraße 33
81369 München
089/766116, Fax 766116

Gleitschirmschule München
GSM GmbH
Engelhardstraße 33
81369 München
089/7470144, Fax 766116

Parafly Lenggries
Engelhardstraße 33
81369 München
089/7470153, Fax 766116

Bayerische Drachen- und
Gleitschirmschule
Nockherstraße 3
81541 München
089/482141, Fax 664730

Aerogen Flug & Sport GmbH
Goethestraße 25
82110 Germering
089/9848870, Fax 9848870

Flugschule Spieler
Karl-Mangold-Straße 7
82380 Peißenberg
08803/60182, Fax 60182

Montana Flugsport GmbH
Stammelestraße 1a
82380 Peißenberg
08803/60598, Fax 60510

1. Deutsche Tandem
Gleitschirmschule
Alte Straße 55
82431 Kochel am See
08851/882, Fax 882

Gleitschirmschule Garmisch-
Partenkirchen Michael Brunner
Am Hausberg 8
82467 Garmisch-Partenkirchen
08821/74260

Gleitschirmschule Sport Total
Marienplatz 18
82467 Garmisch-Partenkirchen
08821/1425, Fax 73630

Flugschule für Hängegleiter und
Gleitschirme Speidel GmbH
Sudelfeldstraße 81
83098 Brannenburg
08034/8990 FS, Fax 4878

Flugschule Reisebüro
Hochries GbR
Hochriesstraße 80
83122 Samerberg
08032/8971, Fax 8901

Münchner Gleitschirm-
flugschule GmbH
Nudlbichl 1
83122 Samerberg
08032/8326

Paragliding Flugschule
Chiemsee
Dreilindenweg 7
83229 Aschau
08052/9494, Fax 9495

Süddeutsche Gleitschirmschule
Am Balsberg
83246 Unterwössen
08641/7575, Fax 61826

Flugzentrum Ruhpolding
Branderstraße 41
83324 Ruhpolding
08663/668, Fax 776

Flugschule Berchtesgaden
Richard-Voß-Straße 73
83471 Schönau am Königssee
08652/2363, Fax 62246

Klaus Schwarzer's Flugschule
FLYART
Andreas-Mitterfellner-Straße 17
83607 Holzkirchen
08024/48119, Fax 49420

Adventure Sports
drachen-gleitschirm-inline-skate
Gilgenhöfe 9
83661 Lenggries
08042/9486 oder 9487, Fax 4831

Paragliding Tegernsee
Tegernseer Straße 88
83700 Reitrain
08022/2556, Fax 2584

Erding-Landshuter-Gleitschirm-
und Drachenflugschule
Neulehen 6
84434 Kirchberg
08762/5723, Fax 5723

Flugschule Kalchgruber
Furtweg 49
85716 Unterschleißheim
089/3172319, Fax 3172319

Drachenflugausbildung
Ernst Köhler
Donauwörther Straße 32
86343 Königsbrunn

HABIS Flugsport
Marienplatz 20
87509 Immenstadt
08323/8590, Fax 51390

1. Oberallgäuer Drachen- und
Gleitsegelschule
Salzweg 37
87527 Sonthofen
08321/9328, Fax 88371

Flugschule Martin Mergenthaler
Waltenerstraße 20
87527 Sonthofen
08321/68057, Fax 22970

OASE Gleitschirmschule
Peter Geg
Am Goldbach 22
87538 Obermaiselstein
08326/38036, Fax 38037

Flugschule Oberallgäu
Reute 2
87544 Blaichach
08321/86290

OFS Paragliding GmbH
Ostallgäuer Fliegerschule
Xaver-Martin-Straße 1
87616 Marktoberdorf
08363/5969 Pfrontner Telefonnr.

Aktiv Flugsport & Freizeit GmbH
Bullachbergweg 34 a
87645 Schwangau
08362/81796, Fax 8708

Gleitschirm-Schule
Heinz Fischer GmbH
Brunnenstraße 35
87669 Rieden
08362/37038, Fax 38873

Flugschule »Tegelberg«
Raiffeisenstraße 4
87672 Roßhaupten
08367/598, Fax 1026

Westallgäuer Flugschule
Allmannsried 181
88175 Scheidegg
08381/6265, Fax 84209

Drachen- und Gleitschirm-
flugschule Horst Steidl
Halde 43
88636 Illmensee
07558/660

Flugschule Ulm
Eichenweg 13
89180 Berghülen
07344/4137, Fax 7284

Flugschule Ostalb-Heidenheim
Fuchssteige 67
89518 Heidenheim
07321/45425, Fax 40959

Aerosport Altmühltal
Hauptstraße 54
92345 Dietfurt
08464/8477

Flugschule Jura
Reinhard Pöppl
Auf der Hohen Straße 14
92345 Dietfurt
08464/8211, Fax 8211

Airsport GmbH Michael Fröhler
Zechenweg 6
93051 Regensburg
0941/947404, Fax 990213

Flugzentrum Bayerwald
Georg Höcherl
Gärtnerplatz 16
93073 Neutraubling
09401/8760, Fax 79216

Drachenflugschule Nordbayern
Weizbühl 32
95497 Goldkronach
09273/8588, Fax 8588

LCT Luftsportzentrum
Crawinkel GmbH
Friedrichsanfang 43
99330 Crawinkel
036205/817, Fax 817

AIRsport TIROL
Oberbach 30 a
A-6653 Bach 30 a
0043-5634/6498, Fax 6184 oder
6498

Gleitschirmschule Löffler GmbH
Wilbinger 483
A-6870 Bezau
0043-5514/3176, Fax 3176

Sky Club Austria
Moosheim 113
A-8962 Gröbming
0043-3685/22333, Fax 23610

Flugschule Aufwind
Dachstein 52
A-8972 Ramsau
0043-3687/82568, Fax 81346

Flugschule Engelberg/Klewenalp
Wasserfallstraße 135
CH-6390 Engelberg
0041-41/6374144, Fax 943407

Papillon Harald Huber
1, rue de l'église
F-68470 Fellering
0033-38982/7187

Register

Erlaß des österreichischen Bundesministeriums für Verkehr/Oberste Zivilluftfahrtbehörde über »Hängegleiter« und »Paragleiter«
in der Fassung vom 1. 1. 1996

1. Ausgangsbasis und Entwicklung

1.1 »Hängegleiter« oder »Gleitflügel« (die Bezeichnung »Drachen« oder »Flugdrachen« für freifliegende Geräte ist unzutreffend) und »Paragleiter« oder »Gleitschirme« sind Luftfahrzeuge im Sinne des § 11 des Luftfahrtgesetzes (LFG), BGBl. Nr. 253/1957. Daraus folgt, daß Benützer solcher Geräte als Piloten im Sinne des LFG (Sonderpiloten im Sinne der Zivilluftfahrtpersonalverordnung [ZLPV], BGBl. Nr. 219/1958) anzusehen, daß die Geräte als Luftfahrzeuge zulassungspflichtig wären, und daß Abflüge – außer auf Flugplätzen – nur mit Außenabflugbewilligung des Landeshauptmannes erfolgen dürften (Außenlandungen wären entsprechend den anzuwendenden Bestimmungen für Segelflugzeuge nicht bewilligungspflichtig). Eine strenge Gesetzesanwendung würde somit diese Sportarten unnötig behindern. Internationale Regelungen bestehen keine.

1.2 Das Bundesministerium für Verkehr als Oberste Zivilluftfahrtbehörde (BMV/OZB) hatte mit Erlaß vom 7. Mai 1973, Zl. 38.533/8-I/8-1973, das Bundesamt für Zivilluftfahrt (BAZ) zunächst angewiesen, »bis auf weiteres die Bewegung von Selbstgleiterdrachen und dergleichen Geräte bis zu einer Höhe von 30 m über Grund – ausgenommen in Flugplatznähe, in verbauten Gebieten, über Menschenansammlungen im Freien und in sonstigen Gebieten, in denen die Sicherheit der Luftfahrt oder die Sicherheit von Personen und Sachen auf der Erde gefährdet sein könnte – ohne die gesetzlich vorgesehenen luftfahrtbehördlichen Bewilligungen zu dulden«. Maßgebend waren hierfür zunächst ausschließlich Gesichtspunkte der herkömmlichen Luftfahrt (30 m ist die maximale Höhe bewilligungsfreier Luftfahrthindernisse, und zwar auf Bodenerhebungen). Die weitere Entwicklung hat einerseits im Hinblick auf häufigere Unfälle und andererseits auf die Bedürfnisse des Hängegleitersports eine Neuordnung erfordert.

1.3 Bei der Neuordnung waren folgende Gesichtspunkte zu berücksichtigen:

1.3.1 Ermöglichung der Ausübung des (1974) immer mehr aufkommenden Hängegleitersportes, und ähnlich (1986) des Paragleitersportes.

1.3.2 Schutz des herkömmlichen Flugbetriebes (besonders im herkömmlichen Flugraum);

1.3.3 Schutz der Sicherheit unbeteiligter Dritter und schließlich

1.3.4 Gewährleistung einer gewissen Sicherheit der Benützer von Hängegleitern und Paragleitern selbst (unter Berücksichtigung des Rechtsgrundgedankens, daß die bloße Gefährdung der eigenen Person rechtlich grundsätzlich nicht zu mißbilligen ist).

2. Richtlinien

Im Hinblick auf diese Gesichtspunkte wurde bzw. wird der unter 1.2 zitierte Erlaß durch die folgenden Richtlinien ersetzt.

2.0 Hängegleiter ist ein nicht-kraftangetriebenes, ein- oder zweisitziges Luftfahrzeug schwerer als Luft, dessen Tragfläche aus starren und nichtstarren Teilen besteht, das durch die Kraft des Piloten gestartet sowie gelandet *werden kann*, und das im wesentlichen durch Schwerpunktverlagerung gesteuert wird.
Paragleiter ist ein ein- oder zweisitziges nichtkraftangetriebenes Luftfahrzeug, schwerer als Luft, mit nichtstarrer Tragfläche, das durch die Kraft des Piloten gestartet sowie gelandet *werden kann*, und das im wesentlichen wie ein Fallschirm gesteuert wird.

2.1 Luftfahrtveranstaltungen mit Hänge- und Paragleitern (Wettbewerbe und Schauvorstellungen) erscheinen wenig problematisch. Zivile Luftfahrtveranstaltungen bedürfen gemäß § 126 LFG einer Bewilligung des Landeshauptmannes. Nach der gesetzlichen Regelung sind alle Sicherheitsgesichtspunkte zu berücksichtigen bzw. ist durch entsprechende Nebenbestimmungen für die Sicherheit vorzusorgen. Unter anderem ist danach der beanspruchte Luftraum abzugrenzen. Nicht erforderlich erscheint es nach dem derzeitigen Stand, Veranstaltungsbewilligungen an Zivilluftfahrt-Personalberechtigungen und luftfahrtbehördliche Zulassungen der Geräte zu binden, praktisch wäre dies im Hinblick auf die allfällige Beteiligung von Ausländern mit ausländischen Geräten kaum möglich, wenn die Bewilligung nicht einem Verbot gleichkommen soll (die Veranstaltungsbewilligung wird eine generelle Außenabflugbewilligung mitumfassen). Vor Erteilung jeder Veranstaltungsbewilligung ist *die AUSTRO CONTROL GmbH (ACG)* zu befassen, die in grundsätzlichen Fragen mit dem BMöWV/OZB Fühlung zu nehmen hat.

2.2 *Selbständige Flüge von Piloten, die nicht im Besitz eines Sonderpilotenscheines für Hänge- bzw. Paragleiter sind, dürfen unter Einhaltung der Luftverkehrsregeln (LVR) 1967, BGBl. Nr. 56, in der geltenden Fassung, nur in Schul- und Übungsbereichen von Hängegleiter- bzw. Paragleiterschulen durchgeführt werden.*

2.2.1 Bei derartigen Flügen bedürfen die Führer von **Hängegleitern** und **Paragleitern** keiner Pilotenberechtigung; diese wird durch den Nachweis (Schulbestätigung) einer entsprechenden Einweisung

(2.2.1.1) in einer Hängegleiter- bzw. Paragleiterschule (2.2.1.3) ersetzt. *Für die Ausstellung der Schulbestätigung sind die entsprechenden Formulare des Österreichischen Aero-Clubs zu verwenden.*

2.2.1.1 Die Einweisung zur Erlangung der **Schulbestätigung** für Hänge- bzw. Paragleiter hat gemäß der genehmigten Lehrpläne zu erfolgen. Der Eingewiesene muß innerhalb von 24 Monaten die Beherrschung von Start, Landung, Richtungsänderung und Landeeinteilung erlernt haben, wozu in der Regel 30 Hängegleiter- bzw. 20 Paragleiterflüge unter Aufsicht eines Hängegleiter- bzw. Paragleiter-Fluglehrers erforderlich sind. Ist der Einzuweisende bereits im Besitz von Vorkenntnissen, einer der genannten Schulbestätigungen oder erwirbt er beide Schulbestätigungen gleichzeitig, genügt eine vom Hängegleiter- bzw. Paragleiter-Fluglehrer im Einzelfall festzusetzende geringere Anzahl von Übungsflügen. Zum Abschluß der Einweisung müssen fünf Höhenflüge (mit über 300 m Höhenunterschied) ausgeführt worden sein.

Der Eingewiesene muß weiters im Rahmen der Einweisung die für Führer von Hängegleitern bzw. Paragleitern erforderlichen theoretischen Kenntnisse aus folgenden Gegenständen erworben haben:

– Hängegleiterurkunde bzw. Paragleiterurkunde
  (besonders Auf- und Abbau sowie Sicherheitskontrollen),
– Flugpraxis einschließlich Geländekunde und Umweltschutz
– Aerodynamik
– Wetterkunde und
– Luftfahrtvorschriften

Die Schulbestätigung über die Einweisung darf erst ausgestellt werden, wenn der Eingewiesene überdies entsprechende Kenntnisse in Erster Hilfe nachgewiesen (z. B. Bestätigung des Roten Kreuzes) und das 16. Lebensjahr vollendet hat. Die Ausbildung kann auch vorher erfolgen, sofern *ein Nachweis der körperlichen und geistigen Tauglichkeit erbracht wird.* Nichteigenberechtigte Personen dürfen nur bei Vorliegen einer Zustimmungserklärung ihres gesetzlichen Vertreters geschult werden.

2.2.1.2 Die Berechtigung auf Grund der Einweisung gilt 36 Monate ab Ausstellung der Schulbestätigung.

2.2.1.3 Für Hängegleiter- bzw. Paragleiter-Schulbewilligungen gelten die luftfahrtgesetzlichen Bestimmungen (§§ 42 ff LFG) mit der Maßgabe, daß anstelle des Erfordernisses von Benützungsrechten auf einem Flugplatz (§ 44 Abs. 2 lit. a LFG) das Erfordernis der Benützungsrechte an den zu benützenden Grundstücken, und anstelle des Übungsbereicherfordernisses (§ 44 Abs. 2 lit. b LFG) die Festlegung eines entsprechenden hindernisfreien Bereiches *und eines entsprechenden Luftraumes* im Schulbewilligungsbescheid tritt.

2.2.2 Die LVR 1967 in der geltenden Fassung finden – mit den in diesem Erlaß zusammengefaßten Abweichungen – auf Hängegleiter

und Paragleiter sinngemäß Anwendung. Hervorzuheben sind zunächst die allgemeinen Bestimmungen etwa über den Betrieb (§ 3 LVR); auch für den Betrieb von Hängegleitern und Paragleitern gilt u. a. das allgemeine Gefährdungsverbot. Besonders dürfen danach Hängegleiter und Paragleiter nicht im Bereich stark begangenen Geländes und stark befahrener Skipisten eingesetzt werden, und weiters ist danach das Überfliegen von Personen, Gebäuden, öffentlichen Transportanlagen (Bahnen, Seilbahnen, Skiliften usw.) und von Freileitungen, jedenfalls in einem geringerem Abstand als etwa 50 m zu dem Hindernis, zu vermeiden. Bei Starts mittels Skiern sind diese derart zu sichern, daß sie während des Fluges nicht herabfallen können. Ferner ist bei Hängegleiter- und Paragleiterflügen ein geeigneter Kopfschutz zu tragen und bei Höhenflügen ein Rettungssystem (Fallschirm) mitzuführen. Weiters hervorzuheben sind die allgemeinen Bestimmungen über Verantwortlichkeiten (§ 4 LVR) oder Flugvorbereitung (§ 5 LVR). Neben den allgemeinen Ausweichregeln (§§ 11 ff LVR) gelten für Hängegleiter und Paragleiter die besonderen Ausweichregeln für Segelflugzeuge (§ 53 LVR), wie für Flüge mit Hängegleitern und Paragleitern überhaupt grundsätzlich dieselben Bestimmungen wie für Segelflüge gelten (§ 51 LVR).

Der Betrieb von Hängegleitern und Paragleitern ist nur bei Tag (§ 2 LVR) und nur unter Sichtflugwetterbedingungen (§ 41 LVR) zulässig.

Siehe im übrigen auch die Bestimmungen im § 56a LVR. Bei Hänge- und Paragleiterflügen wird von der Verpflichtung zum Mitführen von Notsendern (Crashsendern) abgesehen.

2.2.3 Hängegleiter und Paragleiter sind nicht in das Luftfahrzeugregister einzutragen, aber jedenfalls als Luftfahrzeug zulassungspflichtig.

2.2.3.1 Zulassungen ausländischer Behörden oder von solchen anerkannte Zulassungen für ein- und zweisitzige Hänge- bzw. Paragleiter sind ohne weiteres anzuerkennen. Ansonsten kommen primär Musterprüfungen in Betracht (auf Grund deren dann alle entsprechenden Geräte ohne Einzelprüfung zugelassen werden bzw. als zugelassen gelten können). Hauptzweck der luftfahrtbehördlichen Zulassung ist die Vorschreibung bzw. Ermöglichung einer Haftpflichtversicherung (siehe Punkt 2.2.5.2) und die Statuierung der Halterverantwortlichkeit. Nicht zugelassene Hängegleiter bzw. Paragleiter dürfen nur zu Erprobungszwecken *und mit einer entsprechenden Erprobungsbewilligung des ÖAeC verwendet werden. Das zu erprobende Gerät ist gemäß den Vorschriften der ZLLV als Prototyp entsprechend zu kennzeichnen. Periodische Nachprüfungen sind entsprechend den Betriebshandbüchern durchzuführen. Zweisitzig zugelassene Hänge- und Paragleiter, die gewerbsmäßig betrieben werden, sind jedenfalls alle 150 Flüge bzw. jährlich nachzuprüfen.* Für die Wartung, die regelmäßige Überprüfung und die Aufrechterhaltung der Lufttüchtigkeit entsprechend den von der Zulassungsbehörde genehmigten Betriebsanweisungen (siehe Punkt 2.2.3.2) ist der Halter verantwortlich. Ohne Bewilligung *des Herstellers* dürfen an zugelassenen Hängegleitern und Paragleitern keine Änderungen vorgenommen werden. An zugelassenen Hängegleitern und Paragleitern müssen deutlich lesbar und in dauerhafter Schrift die Bezeichnung der Type, die Angaben der Eigenmasse, der Mindest- und Höchstzuladung, des Baujahres, weiters die Werknummer sowie der Name und die Anschrift des Herstellers *sowie eine Musterprüfplakette* angebracht sein.

2.2.3.2 *Bei der Zulassung ist vom Zulassungswerber eine Betriebsanweisung in deutscher Sprache zur Genehmigung vorzulegen. Die entsprechenden Vorschriften der Zivilluftfahrzeug- und Luftfahrtgerät-Verordnung 1995 (ZLLV), BGBl. Nr. 191/1995 in der geltenden Fassung, sind zu beachten.*

Jeder Benützer hat sich mit der Betriebsanweisung vertraut zu machen.

Für die gewerbsmäßige Vermietung von Hänge- und Paragleitern ist eine Bewilligung gemäß §§ 116f LFG erforderlich.

2.2.4 Die Landeshauptmänner werden ersucht, Abflüge mit Hängegleiter und Paragleitern ohne Außenabflugbewilligung zu dulden (ausgenommen in dicht verbauten Gebieten sowie von Bauwerken z. B. Brücken). Die Halter und Piloten von Hängegleitern und Paragleitern werden darauf hingewiesen, daß die über die benützten Grundstücke Verfügungsberechtigten aus zivilrechtlichen Gründen jedenfalls eine Zustimmungserklärung abgegeben haben müssen. Landungen mit Hängegleitern und Paragleitern sind gemäß § 10 Abs. 1 lit. c LFG bewilligungsfrei.

2.2.5 Für Störungen gelten nach der ZSV, BGBl. Nr. 152/1980, in der geltenden Fassung, keine Sonderbestimmungen.

2.2.5.1 Der Flugbetrieb soll nur in Anwesenheit einer weiteren Person durchgeführt werden, die in der Lage ist, bei Unfällen Soforthilfemaßnahmen einzuleiten. Unfälle und sonstige Störungen sind gemäß § 136 LFG der ACG (Tel. Wien 7988380) unverzüglich zu melden. Bei Störungen, die sich als geringfügig erweisen (z. B. Baumlandungen mit Paragleitern) und die Sicherheit des Flugbetriebes nicht unmittelbar berühren, kann eine Störungsmeldung unterbleiben, ebenso bei harten Landungen (Crash-Landungen) mit geringem Schaden (z. B. verbogenes Trapez). Zu melden sind jedoch u. a. Gerätebruch im Flug, wenn sich auch der Pilot mittels Fallschirmes unverletzt retten konnte, Zusammenstöße mit Luftfahrzeugen, Unfälle, bei denen der Pilot schwer oder ein Dritter (wenn auch nur leicht) verletzt wurde, sowie sonstige Störungen, deren Bekanntwerden der Flugunfallsverhütung dienen kann. Die Meldepflicht obliegt (nebeneinander) dem Piloten, dem Luftfahrzeughalter, dem Flugplatzhalter (Ausbildungsunternehmen bei Störungen im Rahmen der Ausbildung) und den Organen des öffentlichen Sicherheitsdienstes.

2.2.5.2 Hinsichtlich der Halterhaftpflicht gelten die §§ 19ff des alten

Luftverkehrsgesetzes 1936, RGBl. 1 S. 653, in der geltenden Fassung, uneingeschränkt (Haftung bis S 3.000.000); Versicherungspflicht siehe §§ 29ff dieses Gesetzes.

2.3 *Flüge mit Hängegleitern und Paragleitern außerhalb von gemäß 2.2.1.3 festgelegten Schul- und Übungsbereichen* unterliegen voll den luftfahrtrechtlichen Vorschriften (Punkt 1.1).

2.3.1 Die Führer solcher Hängegleiter und Paragleiter bedürfen eines Sonderpilotenscheines für Hängegleiter bzw. für Paragleiter. Der Sonderpilotenschein für Hängegleiter berechtigt auch zum Führen von Paragleitern, wenn der Scheininhaber eine gültige Schulbestätigung für Paragleiter (siehe 2.2.1.1) hat *und insgesamt 10 Höhenflüge unter der Aufsicht eines Fluglehrers nachweist.* Der Sonderpilotenschein für Paragleiter berechtigt zum Führen von Hängegleitern, wenn der Scheininhaber eine gültige Schulbestätigung für Hängegleiter (siehe 2.2.1.1) hat *und insgesamt 10 Höhenflüge unter der Aufsicht eines Fluglehrers nachweist.* Diese Berechtigungen sind auf Antrag in den Sonderpilotenschein einzutragen.

2.3.1.1 Vorraussetzungen für die Bewerbung um einen Sonderpilotenschein für Hängegleiter bzw. für Paragleiter sind die Vollendung des 16. Lebensjahres, die Verläßlichkeit, *die körperliche und geistige Tauglichkeit,* eine Schulbestätigung gemäß Punkt 2.2.1.1 sowie *insgesamt 40,* von einer Hängegleiter- bzw. Paragleiterschule bestätigte *Höhenflüge, von denen 25 unter Aufsicht eines Fluglehrers absolviert werden müssen. Von diesen 25 Flügen sind mindestens 10 mit einem Höhenunterschied von mindestens 500m, die übrigen mit einem Höhenunterschied von mindestens 300m durchzuführen. Weiters ist eine spezielle, im Lehrplan festgelegte Alpeneinweisung zu absolvieren. Als praktische Prüfung hat der Bewerber einen nach entsprechend festgelegtem Flugplan flugtechnisch einwandfreien Prüfungsflug mit einem Höhenunterschied von mindestens 500m und einer korrekten Landung auf einem zugewiesenen Landeplatz mit einer Größe von etwa 60m im Quadrat für Paragleiter und etwa 80m im Quadrat für Hängegleiter auszuführen. Die theoretische Prüfung umfaßt die in Punkt 2.2.1.1 bezeichneten Gegenstände sowie Erste Hilfe und Flugmedizin.*

2.3.1.2 *Der Inhaber eines Sonderpilotenscheines hat alle drei Jahre – innerhalb der letzten 12 Monate vor Ablauf der 3-Jahres-Frist – in einer Hängegleiter- bzw. Paragleiterschule einen entsprechenden Überprüfungsflug mit einem Höhenunterschied von mindestens 500m durchzuführen. Dieser Flug ist im Flugbuch zu bestätigen. Die Hängegleiter- bzw. Paragleiterschulen haben darüber Aufzeichnungen zu führen und diese dem ÖAeC alljährlich mit dem Flugschuljahresbericht zu übermitteln. Bei Überziehung der 3jährigen Frist ist in einer Hänge- und Paragleiterschule eine entsprechende Nachschulung gemäß den Lehrplänen erforderlich.*

Zur Durchführung von Streckenflügen (Überlandflüge) ist eine Über-

landberechtigung erforderlich. Für die Erlangung dieser Berechtigung hat der Bewerber 20 Höhenflüge zu absolvieren, von denen 10 einen Höhenunterschied von mindestens 500 m und 10 eine Flugzeit von mindestens je einer halben Stunde Flugdauer aufweisen müssen. Diese Flüge sind auf zwei verschiedenen Fluggeländen durchzuführen und von einer Flugschule zu bestätigen. Weiters ist eine spezielle Unterweisung in den Gegenständen Navigation, Geographie, Wetterkunde und Luftfahrtrecht in einer Hänge- bzw. Paragleiterschule sowie eine theoretische Prüfung in diesen Gegenständen erforderlich.

Für die Erlangung der Überlandberechtigung ist weiters ein Streckenflug nach Flugauftrag einer Flugschule auf einer festgelegten Übungsstrecke einer Flugschule mit mindestens 10 km für Paragleiter und 20 km für Hängegleiter zu absolvieren.

Alle gültigen Sonderpilotenscheine für Hänge- bzw. Paragleiter, die vor dem 1.1.1996 ausgestellt wurden, beinhalten die Überlandberechtigung. Diese ist auf Antrag vom ÖAeC in den Pilotenschein einzutragen.

2.3.1.3 Voraussetzungen für die Erlangung der Hängegleiter- bzw. Paragleiter-Fluglehrerberechtigung sind der Besitz des Sonderpilotenscheines für Hängegleiter bzw. Paragleiter seit mindestens 24 Monaten, *eine Überlandberechtigung*, die Durchführung von 200 Flügen mit einem Höhenunterschied von mindestens 300 m mit Hängegleitern bzw. Paragleitern, eine zweimonatige Tätigkeit (mindestens 60 Tage) in einer Hängegleiter- bzw. Paragleiterschule als Fluglehreranwärter unter Aufsicht eines befugten Fluglehrers, die Absolvierung eines *vom ÖAeC in einer Flugschule durchgeführten* Hänge- und Paragleiter-Fluglehrerlehrganges, die Ablegung der Prüfung gemäß § 20 der ZLPV und eine Fluglehrertätigkeit in einer Hängegleiter- oder Paragleiterschule an mindestens 90 Tagen unter der Aufsicht eines befugten Fluglehrers.

Für Inhaber einer Hängegleiter-Fluglehrerberechtigung sind für die Erlangung der Paragleiter-Fluglehrerberechtigung der Besitz einer gültigen Schulbestätigung für Paragleiter sowie die Durchführung von 200 Höhenflügen mit Paragleitern (Höhenunterschied mindestens 300 m) erforderlich sowie eine Fluglehrertätigkeit in einer Paragleiterschule während mindestens zwei Monaten.

Für Inhaber einer Paragleiter-Fluglehrerberechtigung sind für die Erlangung der Hängegleiter-Fluglehrerberechtigung der Besitz einer gültigen Schulbestätigung für Hängegleiter sowie die Durchführung von 200 Höhenflügen mit Hängegleitern (Höhenunterschied mindestens 300 m) erforderlich sowie eine Fluglehrertätigkeit in einer Hängegleiterschule während mindestens zwei Monaten.

Inhaber einer Lehrberechtigung für Hängegleiter bzw. Paragleiter haben alle drei Jahre an einem Weiterbildungslehrgang des ÖAeC in einer Flugschule teilzunehmen, soferne sie nicht hauptberuflich als Fluglehrer tätig waren. Bei Überziehung der dreijährigen Frist ist eine Teilnahme an einem Weiterbildungslehrgang und eine zweiwöchige Praxis in einer Flugschule erforderlich.

2.3.1.4 Übergangsbestimmungen hinsichtlich der Erteilung von Lehrberechtigungen.

Gültige Hängegleiter-Fluglehrerberechtigungen, die vor dem 1. Juli 1992 erworben wurden, beinhalten auch die Lehrberechtigung für Paragleiter, wenn der Berechtigte zu diesem Zeitpunkt im Besitz einer gültigen Schulbestätigung für Paragleiter war und eine entsprechende Lehrtätigkeit ausgeübt hat.

Ausbildungsbewilligungen, die vor dem 1. Juli 1992 für Hängegleiter erteilt wurden, gelten auch für die Ausbildung von Paragleitern, wenn zu diesem Zeitpunkt auch Paragleiter ausgebildet wurden.

2.3.2, 2.3.3, 2.3.4 und 2.3.5 siehe 2.2.2, 2.2.3, 2.2.4 und 2.2.5 (Verkehr, Zulassung, Abflug, Haftung).

2.4 Zur Durchführung von Doppelsitzerflügen mit Hängegleitern bzw. Paragleitern muß der verantwortliche Pilot (§ 2 LVR) mindestens 12 Monate im Besitz eines gültigen Sonderpilotenscheines für Hängegleiter bzw. Paragleiter sein, mindestens 100 Höhenflüge (Höhenunterschied mindestens 300 m) absolviert haben *sowie 5 Doppelsitzerflüge mit einem Fluglehrer* und als Einweisung an einem speziellen Lehrgang *in einer Hängegleiter- bzw. Paragleiterschule* teilgenommen haben, wobei ausländische Lehrgänge, welche mindestens die gleichen Anforderungen stellen, anzuerkennen sind. *Weiters sind zur Erlangung der Doppelsitzerberechtigung 30 Flüge mit Passagieren, die Inhaber eines gültigen Sonderpilotenscheines sind, im Schul- und Übungsbereich, mit Flugauftrag der Flugschule, durchzuführen.*

Zur gewerbsmäßigen Beförderung von Personen und Sachen ist eine Bewilligung gemäß §§ 101 ff LFG erforderlich.

Piloten, die Doppelsitzerflüge durchführen, haben alle drei Jahre einen Nachweis über die körperliche und geistige Tauglichkeit zu erbringen und innerhalb der letzten 12 Monate der dreijährigen Frist in einer Hängegleiter- bzw. Paragleiterschule einen Tandemflug als Überprüfungsflug zu absolvieren. Die erforderlichen Bestätigungen sind im Flugbuch zu vermerken. Die Flugschule hat entsprechende Aufzeichnungen zu führen und an den ÖAeC weiterzuleiten.

2.5 *Sonstige gewerbsmäßig durchgeführte Lehrgänge, wie z. B. Thermikkurse, Streckenflugkurse, Sicherheitstraining sind nur im Rahmen der Weiterbildung in einer Hängegleiter- bzw. Paragleiterschule zulässig.*

Für den Bundesminister:
Sektionschef MMag. Dr. Stadler